TAROT
✳ PARA ✳
MANIFESTAR

ELOGIOS A *TAROT PARA MANIFESTAR*

«¿Buscas un libro sobre manifestación con un toque místico? *Tarot para manifestar* ofrece una perspectiva única, impulsada por el tarot, dentro del género de la manifestación. Stefanie Caponi presenta una guía brillante y totalmente práctica para hacer del tarot tu gran aliado en tu viaje de manifestación. Entrelazando el poder de la intención, afirmaciones, visualizaciones y diversas tiradas personalizadas, esta obra te ayudará a eliminar obstáculos y a alinearte con tus sueños. Este libro es tu nuevo mapa para crear la vida que deseas, carta a carta».

THERESA REED, autora de *The Cards You're Dealt*

«¡Deja que Stefanie Caponi te enseñe a moldear el mundo según tu maravillosa voluntad gracias a una de las obras más personales y poderosas que he leído jamás sobre manifestación a través del tarot! Stefanie comparte todos sus jugosos secretos en este libro imposible de soltar. Escribe como si fuera tu mejor amiga, alguien que cree en ti y te cuenta con honestidad los momentos difíciles y los obstáculos que ha superado; comparte contigo, además, las preguntas reveladoras, las tiradas de tarot y las acciones mágicas que la ayudaron a manifestar la vida de sus sueños. Stefanie es una bruja auténtica y poco común: si quieres elevar tu vida, potenciar tu poder y manifestar tus deseos, sumérgete en las páginas de este libro, empieza a mezclar tu baraja de tarot… ¡y prepárate para vivir en tu GRANDEZA!».

VERONICA VARLOW, autora de *Bohemian Magick*

TAROT

✦ PARA ✦

MANIFESTAR

Atrae la vida de tus sueños mediante
el trabajo de sombras, la visualización
y la escritura de cartas de amor al Universo

STEFANIE CAPONI

Título original: *Tarot for Manifestation*

Traducción: Lucas Gonzalvo Valls

Diseño de cubierta: Sofía Alabarcez
Ilustraciones: Stefanie Caponi

© 2025, Stefanie Caponi
Publicado originalmente en 2025 por Hay House LLC

Publicado por acuerdo con Hay House UK Ltd.
Crawford Corner, 91-93 Baker Street, Londres W1U 6QQ, Reino Unido

© Distribuciones Alfaomega S.L., Arkano Books, 2025
Alquimia, 6 - 28933 Móstoles (Madrid) - España
Tel.: 91 617 08 67
www.grupogaia.es - E-mail: grupogaia@grupogaia.es

Primera edición: febrero de 2026

Depósito legal: M. 6-2026
I.S.B.N.: 978-84-19510-73-0

Impreso en España por Artes Gráficas Cofás, S.A., Móstoles (Madrid)

*Para Kevin y Ivy,
mi Rey de Oros y mi Sota de Espadas,
mis manifestaciones más preciadas.*

ÍNDICE

INTRODUCCIÓN

«Puedes manifestar cualquier cosa».

Carta de amor

MANIFESTAR ESTÁ DE MODA. Y, como suele ocurrir, su creciente popularidad en la última década ha traído consigo un montón de malentendidos. La verdadera manifestación no se basa en una positividad tóxica ni en creer que todo lo malo que te sucede (o que les ocurre a los demás) es culpa tuya (o suya). Tampoco es una mágica máquina expendedora a la que le pides lo que quieres y listo.

Manifestar es el camino para llevar tus deseos al plano físico; una forma de creación que nace del impulso de superar miedos y limitaciones; un proceso transformador que consiste en abrazar lo que eres y empezar a tomar decisiones conscientes sobre lo que deseas para tu vida, dando los pasos necesarios para generar un cambio interior que luego se reflejará en tu realidad externa.

Tal vez lleves tiempo explorando el mundo de la manifestación: posiblemente hayas leído el libro *El Secreto* o hayas visto el documental; puede que hayas escuchado a ciertos gurús clásicos, como Abraham-Hicks, Wayne Dyer o Gabby Bernstein; o a lo mejor has creado tableros de visión y altares dedicados a tus propósitos. O quizá acabas de empezar y solo tienes una vaga idea sobre la energía y la Ley de la Atracción. Puede que hayas elegido este libro porque te apasiona el tarot y hayas notado hasta qué punto una práctica constante es capaz de transformar tu vida. O tal vez hayas probado otras herramientas de sanación y busques una guía más estructurada y enfocada para dar el siguiente paso. Sea cual sea el motivo que te ha conducido hasta este libro, ¡me alegro mucho de que estés aquí!

Quizá te preguntes: «¿La manifestación funciona realmente para todo el mundo?». Mi respuesta es un rotundo «¡Por supuesto que sí! La manifestación obrará maravillas en tu vida». Solo necesitas encontrar lo que yo llamo tu «voz de manifestación», esa que se comunica con el Universo y con tu alma, esa que conoce el lenguaje vibracional tanto de tu mente consciente como de la subconsciente. Al igual que en el gimnasio fortaleces los músculos con la repetición de movimientos, el dominio del lenguaje vibracional de tu alma también requiere una práctica amorosa, que nos centraremos en cultivar a lo largo de este libro.

Con tantos métodos y maestros excelentes circulando por ahí, ¿cómo saber qué es lo que realmente te va a funcionar? En este libro comparto la historia de cómo encontré mi propia voz de manifestación. Copiar los métodos de otros nunca fue mi camino, y tampoco será el tuyo. En este viaje lleno de magia y milagros, fue probando distintas estrategias y enfoques como descubrí lo que de verdad era auténtico para mí.

Algunas técnicas resonarán más contigo que otras. Por ejemplo, hay expertos que recomiendan mantener una actitud positiva las veinticuatro horas del día, aunque a mí eso jamás me funcionó. Otros sugieren escribir tu deseo un número determinado de veces al día, pero yo sentía que las palabras en el papel estaban vacías; además, la repetición me resultaba una carga. Para mí, dar en YouTube con los vídeos de afirmaciones de la autora motivacional Louise Hay significó un antes y un después. Me pasé el 2020 entero en mi casa, con mis dos gatos, repitiéndoles una y otra vez: «Me amo y me acepto tal como soy. Soy la pareja perfecta para mi pareja perfecta. Mi trabajo soñado y yo nos estamos acercando». Y ahora —como quizá ya hayas imaginado—, ¡todo eso se ha cumplido!

En aquel momento, yo era una divorciada deprimida que acababa de dejar Florida y su trabajo como peluquera, una profesión que me tenía agotada y que me llevaba al límite. Hoy puedo decir con orgullo que he manifestado mi trabajo ideal: escribir sobre los temas que más me apasionan, crear barajas de tarot y acompañar a una clientela inspiradora, que también se encuentra en distintas encrucijadas, en busca de la vida de sus sueños.

A base de ensayo y error, descubrí mi voz, afiné mis deseos reales y comprendí lo que de verdad era capaz de vivir y encarnar. Y lo que encontré no solo superó mis fantasías más disparatadas, sino que era completamente real. Me emociona poder compartir esta pasión contigo y con tantas otras personas. A lo largo de estas páginas iré explicando la investigación que llevé a cabo y narraré mis vivencias personales, así como las historias de amigos y clientes, para que tú también puedas encontrarte contigo mismo a un nivel profundo y esencial. Saber que otras personas «completamente normales» han conseguido todo esto (y ver exactamente *cómo* lo han hecho) te dará las herramientas y la confianza que necesitas para lanzarte de lleno a construir la vida de tus sueños.

El tarot como herramienta de manifestación

Quizá te estés preguntando: «¿Y qué tiene que ver el tarot con todo esto de manifestar?».

La manifestación es un proceso creativo que requiere que estés listo para recibir y encarnar ese siguiente nivel de vida que deseas. Mostrarte abierto a recibir toda la magia y las bendiciones del Universo es mucho más fácil de lo que parece cuando cuentas con el apoyo de tu práctica de tarot.

Surgidas en el siglo XV, las cartas de tarot han adoptado distintas formas por toda Europa. La cantidad de naipes, los nombres y las imágenes variaban según el mazo. En 1909, el poeta y místico británico Arthur E. Waite encargó a la artista Pamela Colman Smith las ilustraciones de la que sería la baraja más reconocida del mundo: el tarot Rider-Waite-Smith (también llamado Rider-Waite o Smith-Waite), publicado originalmente por la editorial Rider. Los nombres de sus cartas, su simbolismo y su estructura de 78 naipes establecieron el estándar de lo que hoy entendemos por «tarot», criterios que todavía siguen influyendo en la creación de nuevas barajas.

En los últimos años, el interés por el tarot, la espiritualidad y la autosanación ha crecido tanto que nunca antes se habían creado tantas barajas independientes. Atrás quedaron los tiempos en los que solo había figuras eurocentristas con capas de terciopelo propias de una feria renacentista. Ahora hay barajas que reflejan la gran diversidad de personas y culturas del mundo, así como colecciones diseñadas para todos los gustos e intereses. Gracias a plataformas como Kickstarter o Etsy, que permiten a los artistas vender sus propias creaciones —estéticas e inclusivas—, quienes nos adentramos hoy en el tarot tenemos muchas más posibilidades de sentirnos representados. Consulta el Apéndice B para ver una lista de mis barajas favoritas, creadas por artistas independientes, así como algunos consejos para ayudarte a encontrar la ideal para ti.

En su origen, las cartas se utilizaban para jugar. Pero ya en el siglo XIX el tarot empezó a usarse principalmente con fines adivinatorios (es decir, para predecir el futuro). Esa asociación con la adivinación ha acompañado al tarot a lo largo de sus seiscientos años de historia. Sin embargo, el significado y las imágenes tradicionales de las cartas han evolucionado hacia algo mucho más profundo que un falso o siniestro augurio del destino. En la actualidad, recurren al tarot personas que, más allá de tener o no inclinaciones brujeriles, buscan una guía sorprendentemente práctica.

En esencia, el tarot es una herramienta de autorreflexión, un canal para conectar con tu intuición y conversar con el Universo. ¿Y qué mejor manera de alcanzar tus sueños?

Para mí, el tarot ha sido un compañero práctico y fiable tanto en la sanación de mi niña interior como en el trabajo de sombras —ese proceso que nos conecta con el subconsciente y que revela aquellas partes que solemos reprimir—. Pero, por encima de todo, es la herramienta más poderosa que conozco para fortalecer la intuición.

Trabajar con el tarot me ayudó a sanar las heridas de mi divorcio y a reconectar con mi niña interior, hasta reencontrarme con mi yo auténtico, ese que había quedado enterrado bajo el miedo, la complacencia y la inseguridad. Cuanto más me sumergía en la práctica del tarot, más se transformaba mi vida, y así empecé a ver las cartas con una nueva perspectiva. Mi proceso de manifestación evolucionó a través del tarot; cada paso se me iba revelando con claridad en las imágenes de la baraja.

Si te sientes más cómodo trabajando con oráculos o cartas de ángeles, no hay problema: puedes usarlos también. (En ambos casos se trata de cartas de adivinación, si bien la cantidad, las imágenes, los nombres y los símbolos varían según cada baraja, ya que no siguen la estructura clásica del tarot). Existen tantos tipos que seguro que encuentras uno que se adapte a ti. (Consulta el capítulo 1 si necesitas orientación sobre cómo elegir y usar una baraja).

Escribe tu carta de amor al Universo

He diseñado este libro para todo el mundo: tanto para lectores y manifestadores con experiencia como para quienes están empezando desde cero. El capítulo 1 te ofrecerá ciertos conocimientos básicos sobre la manifestación y te dará las herramientas necesarias para comenzar a trabajar con buen pie. A partir de ahí, cada capítulo estará dedicado a uno de los principios clave del proceso de manifestación. Posteriormente, iremos un poco más allá gracias a una serie de ejercicios guiados y a diversas tiradas de tarot especialmente diseñadas para facilitarte la tarea de establecer propósitos claros y conscientes sobre cómo estás construyendo tu vida. (Consulta el Apéndice C si deseas descubrir más tiradas capaces de apoyar tus prácticas de manifestación).

A lo largo del libro irás conociendo los arquetipos del tarot, que serán tus cartas aliadas en cada fase del proceso de manifestación. Aunque aquí me centro en aquellas que considero más potentes para este tipo de trabajo, también he incluido, en el Apéndice A, una guía rápida de referencia con las interpretaciones de las 78 cartas del tarot, consideradas en posición normal y aplicadas al ámbito de la manifestación. (Allí encontrarás, asimismo, información sobre los elementos, los palos, las Figuras de la Corte, las cartas invertidas y la numerología, así como algunos consejos generales que te permitirán sacar el máximo partido de los ejercicios de tarot recogidos en estas páginas). Toda esta información está pensada para acompañarte. No solo te animaré a conectar con tus propias interpretaciones intuitivas de los diversos naipes, sino que, además, te explicaré cómo lograrlo. Con el tiempo, a medida que vayas profundizando en tus conocimientos del tarot y de las técnicas de manifestación, estarás listo para escribir tus propias cartas de amor al Universo, poderosas y capaces de atraer tus deseos.

Quizá te preguntes por qué insisto tanto en esto. La respuesta es muy sencilla: he comprobado que el camino más rápido para llevar tus deseos al plano físico es precisamente a través del arte de escribir cartas de amor al Universo. Considera que, para tu práctica de manifestación, dicha actividad es la guinda del pastel.

> *Querido Universo:*
>
> *¡Mi corazón rebosa de amor y gratitud! Estoy deseando contarte los milagros increíbles que están ocurriendo en mi vida...*

¿Alguna vez has escrito una carta de amor? ¿Recuerdas cómo te sentiste al hacerlo? Quizá hayas recibido alguna. ¿Recuerdas tus sensaciones al leerla? Yo sí. Sentí que el corazón me estallaba de alegría, que la piel me ardía y se me erizaba, que yo era la persona más importante del mundo. *Fue alucinante.*

Lo que distingue una carta de amor de cualquier otra carta es la intensidad emocional que despierta. Se trata de declaraciones apasionadas de admiración, deseo, respeto, entrega y, por supuesto, amor. Son íntimas, vulnerables, auténticas, y provocan un efecto muy profundo, tanto en quien las escribe como en quien las recibe. Generan una energía que despierta una ilusión intensa y crea momentos de complicidad entre dos amantes. Esta es la perspectiva desde la que vas a manifestar.

He visto a muchas personas transformar por completo sus vidas gracias al arte de escribir este tipo de cartas. Con las técnicas que he desarrollado aprenderás a hablarle *directamente* al Universo para atraer relaciones amorosas, nuevos hogares, oportunidades profesionales, estabilidad económica, embarazos, amistades verdaderas, viajes y mucho más. O quizá lo que necesitas sea simplemente una sensación de paz y seguridad en tiempos inciertos, junto con la confianza y la certeza de que recibirás todo lo que has pedido, ¡o incluso algo aún mejor!

Imagina que vas a correr una maratón. No te presentarías el día de la carrera sin haber preparado antes el cuerpo, ¿verdad? Probablemente pasarías tiempo entrenando, cronometrando tus marcas, nutriéndote con una buena variedad de alimentos saludables, estirando los músculos para evitar lesiones mientras le exiges al cuerpo algo que nunca ha hecho. Pues cambiar tu vida con las técnicas de este libro requiere exactamente lo mismo, pero a nivel energético. La buena noticia es que el proceso es gratificante, divertido ¡y fácil de seguir!

A lo largo de este libro aprenderás a nutrirte y a estirar a nivel emocional, espiritual y energético, a fin de prepararte para ese cambio radical que llevas tanto tiempo anhelando. Aprenderás a mirar el tarot con ojos de manifestador, a abrazar tus sombras con amor y compasión, y a escribir cartas amorosas, llenas de pasión y emoción, sin dudar en absoluto que aquello que deseas también te desea a ti.

Capítulo 1

FUNDAMENTOS DE LA MANIFESTACIÓN

«Confía en tu instinto. La intuición no miente».

OPRAH WINFREY

Tu intuición es tu superpoder

¿Alguna vez has tenido una corazonada muy fuerte sobre algo o alguien sin disponer de ninguna prueba o información que la respaldase? No puedes explicar cómo lo sabes: no es un dato, sino una sensación. Eso es tu intuición.

Tu intuición es esa brújula interna que te ha guiado a lo largo de la vida. A veces le haces caso; otras, la ignoras porque entra en conflicto con la lógica de tu mente racional. Tal vez no seas del todo consciente de que siempre está comunicándose contigo, ya que lo hace de formas sutiles. Quizá no sepas por qué sientes el impulso de hacer algo, como cambiar de ruta para ir al trabajo, hasta que acabas en una nueva cafetería donde conoces a tu futura pareja o a un nuevo socio de negocio.

Puedes conectar con tu intuición de manera intencionada y fortalecerla para que trabaje a tu favor. Me hace mucha ilusión enseñarte a utilizar el tarot como herramienta de apoyo para que aprendas a confiar en tu intuición, al tiempo que atraviesas un proceso de cambio.

Confiar en tu intuición es una de las claves más importantes de la manifestación: es lo que te permite distinguir entre el miedo y el entusiasmo. ¿Te asusta la idea de unirte a ese grupo de *networking*, o en realidad estás emocionado por exponerte a un entorno de personas ambiciosas? La intuición es ese conocimiento interior que te guía hacia oportunidades divinas y te muestra cuándo ha llegado el momento de pasar a la acción.

¿Qué estás atrayendo?

Probablemente hayas oído a amigos, compañeros de trabajo o personajes de tu serie favorita hablar de manifestar o «atraer» algo a su vida. Tal vez te suene la Ley de la Atracción, un principio universal que afirma: «Lo semejante llama a lo semejante». En otras palabras: «Lo similar se atrae». La manifestación es más compleja que eso, pero esta ley desempeña un papel importante en la forma en que «magnetizamos» experiencias, oportunidades, relaciones y hasta pequeños acontecimientos que influyen en nuestro día a día.

Ahora bien, la manifestación es mucho más que la Ley de la Atracción, que es solo la más conocida de las doce Leyes Universales, esas verdades que rigen el funcionamiento del tiempo y el espacio. La Ley de la Correspondencia, por ejemplo, señala: «Como es arriba, es abajo» —es decir, que el estado mental interno se refleja en el plano físico externo—. En el capítulo 11 encontrarás una guía completa sobre estas leyes; te animo a estudiarlas con más profundidad. Sin embargo, este libro se centrará sobre todo en la Ley de la Atracción y en cómo puedes aplicarla a tu práctica de manifestación.

Si nos quedamos solo con el principio de atracción, podríamos deducir que tu realidad está compuesta *completamente* por tus pensamientos y emociones. En otras palabras, diríamos que eres responsable de todo lo que te ha ocurrido, tanto de lo bueno como de lo malo, porque lo has atraído con tus pensamientos y vibraciones. La creencia de que atraes lo que eres acaba por vincularse a tu autoestima.

Pero tú no eres la suma de tus traumas. No atraes experiencias dolorosas porque te las merezcas. No nos referimos a eso cuando hablamos de la Ley de la Atracción. De hecho, ninguna persona en el mundo merece menos cosas buenas ni es más especial que tú. Nadie puede decirte lo que vales, aunque tus experiencias pasadas acaso te hayan convencido de lo contrario.

La manifestación es un acto *consciente*. Cuando tienes presente eso, te conviertes en un imán poderoso y, con el apoyo del Universo, cuentas con más control del que imaginas sobre aquello que estás atrayendo, independientemente de tu situación pasada o actual.

Dominar el arte de manifestar implica mantener unas intenciones concretas, mientras dejas en manos del Universo el resultado, con la confianza inquebrantable de que puedes alcanzar la vida hermosa con la que siempre has soñado. Este delicado equilibrio hace que el proceso a veces parezca tan misterioso y esquivo. Es probable que quieras empezar a salir ya mismo con esa persona que te encanta, pero el Universo opera a su propio ritmo, en función de lo que se conoce como «tiempo divino». Puede resultar frustrante el hecho de que las cosas no sucedan nada más dar el primer paso, pero justo por eso cada una de las fases del proceso de manifestación (que veremos en profundidad más adelante) es tan importante.

Durante mucho tiempo creí que manifestar funcionaba para todo el mundo menos para mí. Observaba cómo las personas a mi alrededor conseguían justo eso que yo deseaba con tanta intensidad: relaciones maravillosas, casas de ensueño, colaboraciones editoriales, incluso contratos para libros. Y aunque de verdad me alegraba por mis amigos, por mi familia y hasta por desconocidos que seguía en Internet, no podía evitar sentir una punzada de envidia y desolación al mismo tiempo. Había escuchado muchas veces que ver a otras personas lograr justo aquello que tú estás intentando manifestar es una señal de que tus deseos ya están orbitando cerca y a punto de materializarse. Pero nada de eso me convencía realmente. Estaba atrapada en mi propio bucle de negatividad, sintiéndome víctima de mis propias emociones tóxicas. Si esta experiencia te resulta familiar, has de saber que se trata de algo completamente normal y que no tienes nada de lo que avergonzarte. Parte de mi trabajo de sombras consistió en reconocer ese comportamiento, que distaba mucho de ser ejemplar. Y te aseguro que, cuando tu mente solo se enfoca en lo que aún no tienes, no es nada fácil cambiar de perspectiva para ilusionarte con lo intangible.

Pero lo repito: no eres mala persona por sentirte triste o estar celoso. Se trata de algo totalmente normal. La frustración, la impotencia o incluso el enfado constituyen etapas del camino hacia esa vida que deseas. Dejar que esas emociones, a veces incómodas o vergonzosas, afloren y se procesen es lo que permite los cambios de perspectiva que invitan al crecimiento.

Ojalá no fuera necesario pasar por todo esto; muchos libros o enseñanzas espirituales te dirán que hagas lo posible por evitar esas emociones. Sin embargo, en mi experiencia, cuanto más las reprimía y negaba, más fuerza cobraban desde la sombra.

Cuando me di permiso para dejar que esas emociones (de baja vibración, debo admitir con una pizca de vergüenza) salieran a la luz, fui capaz de sentarme con ellas, empezar a comprenderlas y sentir compasión por mí misma. Y entonces descubrí el poder de escribir cartas de amor al Universo. Al integrar esta práctica con mis tiradas de tarot y mi diario personal, comencé a entender qué querían decirme esas emociones tan incómodas, en lugar de castigarme y echarme la culpa por tener «energía negativa».

Compararte con otras personas te roba, en verdad, la alegría. Casi todo lo que ves en Internet, en las revistas o en la televisión está hiperidealizado. Mucha gente construye su personaje público según lo que su ego considera aceptable o deseable. Y eso no tiene por qué ser algo malo, pero desde luego no es una referencia realista, y puede dañar tu autoestima.

Encontrar tu voz de manifestación también pasa por asumir, simple y llanamente, que eres el protagonista de tu vida. Y, por cierto, un protagonista fabuloso, tal como eres.

Incluso esas punzadas de envidia que experimentas cuando ves que alguien vive o hace lo que anhelas tienen un propósito. Son pequeños empujones del Universo, que te insta a visualizar con claridad tus deseos y a empezar a dar los pasos necesarios para que tu propia versión de esos sueños se haga realidad.

¿Crees que eso es posible en tu caso? Yo ya sé que sí. ¿Estás listo para intentarlo?

La creatividad crea magia

Escribo estas líneas desde el estudio de la casa de mis sueños. Es una casa victoriana de 1906 que parece una versión personalizada de la casa de la película *Prácticamente magia* —una imagen que estuvo en mis tableros de visión desde que tenía dieciséis años—. Vi la peli por primera vez con mi amiga Ashley la noche de Halloween, en el cine Hollywood 20 del centro de Sarasota, Florida. La casa en la que vivo ahora no se parece en nada a mi vida de entonces, y el camino hasta aquí ha sido de todo menos recto: lleno de altibajos y de apartamentos minúsculos en Nueva York. ¿Cómo llegué de allí hasta aquí? Y más importante: ¿cómo puedes llegar *tú* desde donde estás hasta donde quieres estar?

Cuando aterricé por primera vez en Nueva York, sabía que estaba emprendiendo un viaje de autodescubrimiento. Me imaginaba una aventura épica, al estilo de *Come, reza, ama*, que me llevaría a convertirme en escritora, conocer gente fascinante, ganar un montón dinero, enamorarme perdidamente y vivir feliz para siempre. Pero estaba intentando dar un gran salto en mi vida mientras mi autoestima estaba por los suelos. La disonancia cognitiva entre lo que quería hacer con mi vida, lo que sentía sobre mí misma y lo que creía merecer desembocó en los tres años más oscuros de mi existencia.

Durante ese tiempo tuve que aprender a ser la protagonista de mi vida, en lugar de una extra cuyo nombre ni siquiera salía en los créditos. Tuve que entender qué significaba para mí la autenticidad.

Mi historia con la «energía de protagonista» comienza en 2016 con un divorcio, dejando dos trabajos bien pagados y regalando casi todas mis cosas. Hice las maletas y me mudé de mi casa de tres habitaciones en Florida a una pequeña habitación en Long Island, Nueva York, dentro de un apartamento vacío. No tenía nada más que un colchón en el suelo y dos maletas con ropa. Y ni un solo plan. Pero escribía.

Durante el año siguiente llené más de treinta diarios. Mientras las palabras brotaban, empecé a preguntarme si debía compartir mi historia, y decidí convertir esos cuadernos en unas memorias. Cuando me sentía atascada con el manuscrito, sacaba mi cuaderno de dibujo y hacía bocetos de cómo imaginaba mi libro expuesto en las estanterías de Barnes & Noble. En ese momento no me daba cuenta del impacto directo que estaban teniendo mis ilustraciones y lo que escribía sobre lo que empezaba a ocurrir en mi vida. Pero la conexión estaba ahí.

Mientras dibujaba, permitía que mi cuerpo sintiera la emoción de ver mi obra en una librería de verdad. Hice un dibujo con una estantería llena de ejemplares de mi libro, *Void of Course*, un guiño a la luna fuera de curso en astrología, algo que siempre he tenido muy presente en mis rituales. Cuando la luna está «fuera de curso», significa que no está formando aspectos con otros planetas mientras cambia de un signo a otro. Quienes practicamos magia o seguimos la astrología sabemos que ese no es un buen momento para lanzar hechizos, establecer intenciones ni tomar decisiones importantes. Es un tiempo de pausa y reflexión antes de avanzar. Fue a través de mis bocetos que empecé a entender cómo moverme dentro de esos espacios de vacío que tiene la vida.

Uno de mis dibujos mostraba una página de mi libro, revelando una carta del tarot en la que yo aparecía representada como el Loco, alguien que lo deja todo atrás para buscar la iluminación a través de las lecciones y los arquetipos del tarot.

Una vez que ese primer boceto estuvo sobre el papel, no pude parar. Tenía que seguir viendo adónde me llevaban esas imágenes. Meditaba unos minutos y le pedía al Universo que me mostrase cómo sería mi versión de cada carta del tarot. Dibujar esas imágenes me llevó a un viaje precioso de auto-conocimiento que resultó ser el proyecto de arteterapia más eficaz que he hecho nunca.

Fue así como descubrí que la creatividad *crea* magia. Aprendí que nuestras palabras son conjuros, que podía impregnar de intención cada una de las letras. Esos fueron los primeros ingredientes de la receta cósmica que necesitaba para transformar mi vida.

Ocho meses después de ese primer garabato, había terminado las 78 ilustraciones del mazo. Me sentía muy orgullosa de haber asumido una tarea tan enorme, pero pensaba: «¿Y ahora qué? ¿Quién va a querer una baraja de tarot con un personaje que se parece a mí, contando mi historia personal?».

Como por arte de magia, empezaron a aparecer conexiones inesperadas. Una amiga del instituto, con la que no hablaba desde hacía veinte años, vio mis dibujos en Instagram y me preguntó qué planes tenía para ellos. Le conté que era un proyecto personal de sanación y que no tenía ni idea de cómo producir una baraja de tarot. Resultó que ella era diseñadora gráfica y se ofreció a ayudarme a preparar los archivos para imprimirlos. Después, una amiga de redes sociales —con la que ni siquiera me había visto en persona— me invitó a cenar y me presentó un plan para crear una página web, además de ponerme en contacto con alguien que podía montármela a un precio increíblemente asequible. Por último, me atreví a escribir a una creadora independiente de barajas que admiraba para preguntarle qué imprenta usaba. Para mi sorpresa, todo el mundo fue amable, entusiasta y generoso. Cada conexión me animó y me mostró el siguiente paso.

Lo que empezó como un proyecto de sanación íntimo se convirtió en mi primera baraja de tarot, *Moon Void Tarot*, y después en todo un negocio: lecturas para clientes, venta del mazo en internet y en tiendas de todo el mundo, colaboraciones como experta en pódcast y medios digitales, publicación de libros acerca del tema… y una vida completamente nueva.

Crea espacio para el cambio

Lo sé: cambiar no es fácil. Muchas veces ni siquiera sabes por dónde empezar. Pero, para dar el primer paso hacia el cambio, necesitas claridad.

Mira el caso de mi amiga Celeste*. Después de más de una década soltera en la ciudad, empezó a sentir con claridad que había llegado el momento de compartir su vida con alguien. No lo vivía con desesperación ni soledad, sino como

---

* Celeste es un personaje de las historias de varios amigos cercanos y clientes. Si bien se han cambiado los nombres y los datos que los identifican, la esencia de la historia se mantiene.

«un saber intuitivo de que era hora de amar». Sin embargo, no sabía cómo dar ese paso y me pidió ayuda.

Lo primero que hicimos fue hacer inventario de todo lo que sostenía su estilo de vida actual, que durante muchos años le había funcionado de maravilla. Celeste era financieramente estable; tenía un trabajo con buen sueldo y beneficios. Contaba con una red de amistades, un gato adorable y una terraza en la azotea en la que cuidar sus plantas con vistas al *skyline* de la ciudad. Tenía todo lo que quería, pero ahora también deseaba construir una nueva relación de pareja significativa.

El simple hecho de estar dispuesto al cambio ya es una parte fundamental del proceso. Si te aferras a la rutina que ya conoces, será difícil hacer hueco a lo nuevo. Para dejar espacio a esa persona especial y poder cultivar ese vínculo, Celeste decidió reorganizar su agenda. Redujo el número de actividades semanales que tanto le gustaban: clases de pilates, de cocina y de tarot.

Vivía en un piso encantador de una sola habitación, todo un logro, pero cualquiera que haya pasado tiempo en un apartamento de ciudad sabe que suelen ser pequeños y con poco espacio de almacenaje. Su casa estaba impecable, pero repleta de cosas, sin lugar para un potencial compañero de vida. Le pedí a Celeste que visualizara cómo sería su día a día con esa pareja. ¿Podía imaginarse conviviendo con esa persona en su piso? ¿Estaba dispuesta a hacer espacio energético para que entrara en su vida? A veces, para dar cabida a nuestros grandes deseos, ¡hace falta crear espacio de forma literal!

Celeste empezó por hacer algunos cambios en su dormitorio que reflejaban también su nueva disposición mental para recibir a su pareja. Vació una estantería —y no solo eso: ¡liberó todo un lado de su armario, un bien muy preciado en cualquier ciudad!— y quitó ropa de las perchas para hacer sitio al futuro vestuario de su amado. Vimos que solo tenía una mesita de noche, en su lado de la cama, así que añadió otra en el lado opuesto y dejó el cajón libre, tan disponible como ella para el amor. Actualizó los cuadros de su casa con imágenes de parejas divertidas, cariñosas, que reflejaban el tipo de relación que quería atraer. Incluso despejó un rincón del botiquín y colocó un segundo cepillo de dientes en el baño para su futura pareja. Es increíble lo fácil que puede resultar el cambio cuando identificas dónde puedes hacer hueco para tus deseos.

Estaba saliendo de su zona de confort, pero no se limitó a reorganizar su agenda y su espacio vital. Usando el tarot y la escritura, Celeste se sumergió en el trabajo de sombras necesario para reconocer las experiencias que estaban en la raíz de su baja autoestima, su apego ansioso y las heridas de la infancia. Así pudo desbloquear las emociones y llevar a cabo el cambio de actitud que necesitaba. Finalmente, llegó el momento de escribir una carta de amor a su futura pareja. Le propuse que fijara su intención describiendo lo que esa relación le aportaría, poniendo el foco en las emociones —amor, conexión, afinidad de valores— más que en los rasgos físicos. La animé a dejarse llevar por el romanticismo, escribiendo desde el corazón cómo sería un día cualquiera juntos, desde las rutinas matutinas hasta sus aventuras por la ciudad. Como ya había hecho el trabajo más duro —dejar ir creencias limitantes, crear espacio físico y expandirse energéticamente hacia la persona que quería ser—, pudo escribir esa carta con una fe y una certeza muy poderosas.

Después, envolvió con ella un cuarzo rosa —el cristal que simboliza el amor propio y el amor romántico— y la guardó en el cajón de la nueva mesita de noche. Luego siguió con su vida, confiando en que el Universo había recibido su mensaje y sabría orquestar las circunstancias adecuadas en el momento perfecto. No estaba ansiosa por cuándo ocurriría. Sabía que sucedería. Y así fue.

Seis semanas después, me mandó entusiasmada una foto de un chico que había conocido una noche cualquiera, mientras salía con unas amigas en su ciudad natal. Supe enseguida, intuitivamente, que ese era su futuro marido. Pero ella tenía sus reservas: él vivía fuera de su «radio geográfico» para citas, y no veía claro cómo mantener una relación a distancia. Le recordé que el Universo siempre entrega nuestros deseos de la mejor forma posible, y que en nueve de cada diez ocasiones tiene un aspecto totalmente distinto al que esperábamos. Fue ahí donde su práctica con el tarot volvió a echarle una mano: le permitió revisar sus creencias limitantes. El trabajo de sombras —ese proceso de reconocer, observar e integrar miedos y vergüenzas ocultas— le ayudó a superar sus obstáculos y a dar el salto a su nueva vida. (Hablaremos mucho más de esto en el siguiente capítulo).

Celeste mostró su disposición a crear espacio en su vida reorganizando su casa y confiando en lo desconocido. Estaba lista para llevar su vida al siguiente nivel, y la vida le brindó rápidamente lo que había manifestado, al mismo tiempo que le pedía que fuera flexible. Acabó mudándose del barrio en el que había vivido casi toda su vida adulta para construir un futuro con él en otra ciudad. Pudo negociar el teletrabajo dentro de su empresa, lo que le dio más libertad para viajar y explorar su nuevo entorno —una consecuencia inesperada y maravillosa de su manifestación—. Dejó atrás su comunidad para dar la bienvenida a su nueva vida como esposa y formar una familia propia. El cambio no fue fácil, pero sí necesario para crecer. No era la vida que había imaginado al principio, pero sí una decisión que amaba profundamente.

Con los años, al repasar historias similares de amigos y clientes, me di cuenta de hasta qué punto el Universo nos habla constantemente a través de los demás. Hay muchísimas pruebas del poder de la manifestación cuando fijamos intenciones claras, creamos espacio, desactivamos nuestras creencias limitantes y nos mantenemos flexibles y abiertos a lo que llega. La *intención* detrás del deseo se combina con la creatividad y la expresión emocional de las cartas de amor.

En los últimos años he aplicado este ritual a muchas áreas de mi vida: desde la compra de una vivienda hasta problemas de fertilidad, pasando por el amor, la amistad, la comunidad o el crecimiento profesional. Y he compartido esta técnica con amigos y clientes que han recibido resultados extraordinarios. Suena bien, ¿verdad?

A medida que avances en este libro, solo te pido una cosa: permanece abierto, flexible y listo para transformar tu vida por completo.

Desglosando los fundamentos de la manifestación

Puede que la manifestación no sea una ciencia exacta, pero el proceso incluye una serie de pasos que se encadenan de forma natural. Aquí tienes una lista hecha aprisa y corriendo de las principales etapas que desarrollaremos a fondo a lo largo de este libro:

1. Define tus deseos y fija una intención clara y potente hacia lo que deseas atraer.
2. Descubre qué está bloqueando la materialización de tus manifestaciones mediante el trabajo de sombras.

3. Libera y crea espacio energético y físico para lo que quieres manifestar.
4. Reprograma tus sombras a nivel subconsciente a través de afirmaciones empoderadoras.
5. Practica la gratitud por lo que ya tienes y conviértete en el conductor de tus emociones.
6. Visualiza tus deseos y siéntelos en tu cuerpo.
7. Escribe cartas de amor al Universo.
8. Suelta el cómo y el cuándo de la manifestación.
9. Activa la acción alineada hacia lo que deseas.
10. Tener una base sólida en los fundamentos de la manifestación, junto con tu práctica de tarot, es la clave para generar cambios profundos y sostenidos en tu vida. Este no es un libro de usar y tirar; es una herramienta de vida a la que podrás volver una y otra vez.

Halla claridad

«Si queremos tener más claridad en nuestro propósito
o una vida espiritual más profunda y significativa,
la vulnerabilidad es el camino».

BRENÉ BROWN

Toda manifestación empieza por tener las cosas claras. Saber con claridad qué deseas será la base para fijar tu intención, algo que haremos en el capítulo 2. Sé honesto contigo mismo: ¿qué es lo que realmente quieres manifestar?

La especificidad es una parte esencial para ganar claridad y transmitirle al Universo con precisión qué es lo que deseas. En lugar de decir simplemente: «Quiero más dinero», concreta una cantidad y en qué planeas usarla. Si no lo haces, puede que encuentres una moneda de diez céntimos en la calle. Técnicamente es más dinero del que tenías, pero no es lo que querías, ¿verdad? Mejor di: «Estoy manifestando más que suficiente para pagar mis facturas, ayudar a un ser querido, donar a mi organización favorita y aun así tener margen para ir al concierto de Taylor Swift o para darme ese capricho que me hace tanta ilusión». Deja al Universo cierto margen de maniobra añadiendo la frase «esto o algo aún mejor», que indica que estás abierto a recibir incluso más de lo que has pedido. Veremos con más detalle el arte de la especificidad en el próximo capítulo.

Elige las herramientas adecuadas

Antes de ponerte con los ejercicios de este libro, coge un bolígrafo y tu cuaderno favorito. Es importante que sean físicos, nada de escribir en el móvil o en el ordenador. ¿Por qué? Porque aquí es donde manifestación y ciencia se dan la mano. Escribir es algo que aprendiste en la infancia, y el acto de plasmar tus pensamientos a mano crea nuevas rutas neuronales conectadas con los patrones de tu subconsciente que se formaron en esa etapa.

Piensa en tu versión más joven: ¿le habría gustado escribir con un boli de gel de colores? ¿Con un rotulador? (Yo prefiero las tintas rosas y moradas). Regálate un boli especial que te encante y un cuaderno bonito que le haga juego, que ambos te transmitan abundancia y añadan un toque de lujo a tu práctica. Yo utilizo Lulu.com (una web de impresión bajo demanda) para crear mis propios cuadernos personalizados con ilustraciones, afirmaciones y frases inspiradoras.

Una vez que tengas tu boli y tu cuaderno, es hora de elegir la baraja de tarot u oráculo con la que vas a trabajar. Tal vez ya lo tengas claro, o quizá te cueste elegir si tienes una colección amplia. (*Spoiler*: no tienes por qué quedarte con una sola). Puedes usar la que te apetezca ese día o incluso combinar varias. ¡Diviértete!

Si nunca has trabajado con cartas de tarot u oráculo y no sabes por dónde empezar, aquí van algunos consejos para encontrar tu baraja ideal. (Consulta también el Apéndice B para recomendaciones de barajas y tiendas).

- *No te conformes*. Elige una baraja que te encante, que te inspire la misma sensación de abundancia que tu boli y tu cuaderno. Si las imágenes no te dicen nada o no te apasionan, pasa a la siguiente.
- *Conoce la diferencia entre las cartas de tarot y oráculo y decide cuál es la mejor para ti.* El tarot sigue una estructura fija de 78 cartas: 22 Arcanos Mayores, que representan energías arquetípicas vinculadas a grandes eventos vitales, y 56 Arcanos Menores, divididos en cuatro palos (oros, espadas, bastos y copas), que reflejan aspectos cotidianos y se corresponden con los cuatro elementos: tierra, aire, fuego y agua. Leer tarot es una práctica que combina el conocimiento simbólico de las cartas con tu intuición para interpretar el mensaje que te corresponde en ese momento.

  Los oráculos, en cambio, pueden tener cualquier número de cartas (entre 44 y 56 suele ser lo habitual) y suelen incluir palabras clave, frases o mensajes más directos, menos simbólicos. Yo utilizo varios oráculos además de mis barajas de tarot. Me encantan sus mensajes sencillos, como «Alquimia. Tienes el toque de Midas: todo lo que emprendas ahora se convierte en oro» y «Sueña a lo grande. Deja atrás los pensamientos pequeños sobre ti mismo y visualiza tu éxito».
- *No dejes que el miedo te impida probar el tarot si de verdad quieres aprender a usarlo.* Y, si no estás preparado

para sumergirte aún, también está bien. En el Apéndice A encontrarás un montón de consejos útiles para empezar o refrescar tu práctica si ya has hecho tus primeros pinitos.

- *Busca una baraja que te resulte segura e inclusiva y cuyas imágenes, colores o estilo te digan algo.* En Etsy y Amazon hay cientos de barajas, y en el Apéndice B tienes enlaces a editoriales y artistas independientes que crean mazos modernos, potentes y muy cuidados. Ojo con las imitaciones que circulan por algunas plataformas: suelen venir en cajas de baja calidad, sin el nombre del autor ni de la editorial, y a veces sin libro físico (solo con un código QR). Asegúrate de que compras a un vendedor fiable, o mejor aún, directamente al creador o la editorial.

- *Toma la iniciativa.* Hay quien dice que da mala suerte comprarse su propia baraja de tarot. Pues bien: si te lo crees, puedes pasarte la vida esperando a que alguien te regale una. A mí eso no me suena a abundancia. Me encanta comprarme mis propias barajas, es un gesto de poder. Toma el control de tu manifestación, ve a por ello.

Primeros pasos con tus herramientas

Aunque tu práctica de tarot será totalmente personal, siempre recomiendo seguir algunos pasos básicos para recibir los mensajes con mayor claridad:

- *Revisa tu energía.* Antes de sacar las cartas, conecta contigo mismo: respira hondo, asegúrate de que no hay distracciones.

- *Pon una intención.* ¿Para qué estás sacando las cartas? Si no tienes nada en mente, el Universo te enviará mensajes al azar. Concéntrate en lo que deseas consultar. Asegúrate de que tú, tu baraja y el Universo estáis en la misma sintonía.

- *¡Ten tu cuaderno a mano!* Apuntar lo que te dicen las cartas puede ayudarte a procesar los mensajes, y también es una buena manera de revisar más adelante cómo vas avanzando en tu camino de manifestación.

- *Ten fe en ti mismo al usar tu baraja.* No hace falta ser un experto para trabajar con tu mazo. Nadie te está juzgando —ni el Universo, ni el tarot, ni yo—. Siempre hay una primera vez, y todos empezamos desde cero.

- *Confía en tu intuición.* Si sacas una carta y el mensaje que aparece te sugiere algo distinto de lo que dice el librito, hazle caso a tu voz interior. Siempre tienes el control, así que cuéntale a tu baraja tus objetivos y pídele que te ayude a entenderla con claridad.

Con tu boli brillante en la mano, escribe en tu cuaderno una lista de deseos. Incluye objetos materiales que quieras conseguir, metas personales y experiencias que te gustaría vivir. No edites ni filtres: solo escribe en tu diario lo que se te ocurra. No te preocupes aún por el cómo o el cuándo se materializarán. Por ahora, permítete soñar.

Aquí tienes algunas ideas para cada categoría:

- Comprar tu casa ideal.
- Hacer un viaje increíble.
- Aprender un idioma.
- Encontrar un propósito a través del voluntariado.
- Hacer un nuevo amigo que comparta tu camino espiritual.

- Comprar un coche mejor.
- Aprender una habilidad nueva (cerámica, cocina...).
- Escribir tu novela.
- Crear o ampliar tu propio negocio.
- Estar en una relación amorosa y estable.

Algunos de estos deseos cuestan dinero; otros, tiempo. Pero todos requieren claridad, compromiso y voluntad para convertirte en la persona que vive esa vida. También requieren una creencia firme: que la persona cuyos deseos se harán realidad eres tú.

Cuando tengas tu lista, probablemente verás cuál es el deseo más importante en el que te quieres centrar. Tenlo en mente: será tu punto de referencia para afinar aún más la claridad en los siguientes capítulos.

Espejos: observa tus deseos reflejados en tus emociones

La inspiración y los celos son dos caras de la misma moneda cuando hablamos de manifestar. Ambas te aportan claridad al mostrarte tus deseos a través de otras personas. A este proceso se le llama «espejeo».

Las personas y situaciones que despiertan en nosotros una emoción intensa son nuestros espejos. Nos muestran tanto nuestra luz como nuestra sombra, que sale a la superficie cuando hay algo que necesitamos integrar para poder avanzar.

Hubo una vez un artista que me incomodaba profundamente cada vez que veía sus publicaciones en Instagram. Su estilo se parecía al mío, pero parecía mejorar con cada ilustración, mientras yo me sentía estancada. Su número de seguidores subía como la espuma a decenas de miles, mientras el mío se quedaba clavado en 2500. Me sentía invisible viendo cómo él conseguía reconocimiento, ventas, exposiciones, entrevistas, mientras yo no lograba despegar. Parecía que cada vez que se me ocurría una idea, él ya la había materializado —de hecho, ya tenía a la venta una reproducción en su web—. Me frustré tanto que quise rendirme.

Entonces no entendía que él era para mí un espejo que reflejaba lo que yo deseaba: éxito, reconocimiento, libertad creativa. Tampoco me daba cuenta de que mis ilustraciones no eran auténticas porque me obsesionaba competir con él (y con otros artistas a los que admiraba). No entendía que el Universo me estaba mostrando lo que era posible para mí y que, si me dejaba guiar, podría alcanzar mi propio éxito.

Hasta que un día dejé de compararme con otros artistas y empecé a preguntarme qué era lo que de verdad me hacía sentir auténtica. Dejé de participar en mercados y exposiciones que no me aportaban ni alegría ni ingresos, aunque fue una decisión difícil de tomar. Me daba miedo renunciar a esas cosas, sentía que iba a abandonar mi comunidad creativa al «perder la fe en mí» y en mi arte. No entendía en aquel momento que decir «no» a lo que no está alineado es lo que permite que llegue el «sí». Cuando me rendí, el Universo pudo actuar y me trajo justo lo que quería: libertad creativa y reconocimiento. Eso es *magia de cocreación*.

Mi «sí» llegó tres meses más tarde, mientras trabajaba como peluquera en un salón de alto *standing*. Una clienta sin cita previa, Carla, vino a peinarse para una entrevista en una revista de diseño de interiores. Conectamos enseguida, hablando de arte y decoración. Le deseé suerte con su entrevista y seguí con mi vida.

Volvió un par de semanas después para arreglarse el pelo. Me contó que había conseguido el trabajo y mencionó que buscaban una ilustradora de acuarelas. Yo no pintaba con ese material desde los diecisiete y para aquel entonces ya tenía veintitantos, pero eso no me impidió decirle que sí. Tuve miedo, claro, pero lo hice de todas formas, confiando en mi instinto y mi ilusión. Estaba lista y el Universo me había oído.

Como no tenía portfolio ni experiencia reciente, Carla me sugirió crear un tablero de Pinterest con mis ilustraciones más potentes a modo de «portfolio improvisado» para enseñárselo a la editora. Era la primera vez que veía toda mi obra reunida *online*, ¡me sentí una profesional de verdad!

A la semana siguiente, tenía mi primer encargo editorial. Pasé de vender mis cuadros por 40 dólares a trabajar como ilustradora interna para una revista de diseño de interiores, cobrando 200 por ilustración publicada y con mi nombre en los créditos. Trabajaba desde casa, a mi ritmo, sin dejar el salón de peluquería. Mi sueldo se duplicó de la noche a la mañana y además trabajaba con un equipo creativo maravilloso que me valoraba a mí y a mi trabajo.

No me lo podía creer. Y ocurrió después de años de estancamiento. Tardé un tiempo en darme cuenta de que fue mi trabajo alineado con mi autenticidad lo que permitió que el Universo me guiara a manifestar esa oportunidad.

¿Te imaginas lo que podrías lograr si tienes claridad y pones tu intención a su servicio? La intención es el acelerador; el Universo se encarga del cómo. Hablaremos mucho más de esto en los próximos capítulos. Por ahora, centrémonos en la claridad y en lo posible.

Espejos: ver para creer

Una vez que tengas claridad sobre lo que realmente deseas, te invito a dar un paso más: *creer* que eso que deseas es posible. Reconocer los espejos que el Universo te muestra es una forma de hacerlo. Necesitamos ver para creer, ¡y no importa si no nos está ocurriendo directamente a nosotros!

Durante un tiempo trabajé como escritora fantasma, escribiendo libros para otras personas. Cuando pasé a escribir los míos, me entró el vértigo. No me sentía preparada ni capaz de hacerlo por mí misma. Esto desconcertaba a mi editor en una gran editorial, que me repetía: «¡Estás lista para volar sola!». Incluso después de haber firmado contrato con mi agente literario —que también creía que ya estaba más que preparada—, yo seguía dudando. En serio: ¿cuántas señales del Universo hacen falta?

Parte del proceso de darme permiso para crecer consistió en hacer una lista de lo que yo llamaba «autores inspiración». A diferencia de los espejos anteriores, que reflejaban mi sombra, ellos reflejaban mi luz. Eran personas parecidas a mí que se habían dado permiso para salir al mundo —en mi caso, al mundo editorial—. Vi cómo se arriesgaban a mostrar su corazón, compartiendo la intimidad de su mundo interior en páginas que cualquiera podía leer y juzgar.

Ver para creer. Observar a otras personas lograr lo que tú deseas puede inspirarte y reforzar tu convicción de que tú también puedes conseguirlo. Si te cuesta imaginarte haciendo eso TAN GRANDE con lo que sueñas, dedica unos minutos a pensar en personas que ya hayan hecho algo semejante. Este ejercicio te ayudará a ganar claridad sobre lo que quieres incorporar en tu carta de amor, que te enseñaré a escribir en el capítulo 8.

En tu cuaderno, anota entre cinco y diez personas que tengan exactamente lo que tú quieres, o algo parecido. Pueden ser personas que conozcas, que sigas en redes, o incluso figuras públicas, activistas, autores… Lo importante es recordar que, independientemente de su estatus, son personas normales que hicieron cosas difíciles. No son tan distintas de ti o de mí. Si ellos pudieron, tú también.

Escribe qué te inspira de cada uno y qué te activa. ¿Sientes celos o envidia? ¿Qué tienen que te gustaría tener tú? Puede ser algo material, una cualidad, una situación vital o incluso una forma de ser. Escríbelo todo. Después, identifica los elementos que forman parte de tu propio deseo y elige los cinco principales. Esa será la base de tu carta de amor.

En mi caso, al pensar en mis referencias —Morticia Addams y Louise Bourgeois—, descubrí que los cinco elementos clave que deseaba para mi vida eran:

- Tener un matrimonio amoroso y apasionado con una pareja igual a mí basado en la espiritualidad y los valores compartidos.
- Ser madre.
- Vivir y trabajar en una casa victoriana.
- Crear arte que canalizara mis emociones de forma sanadora.
- Dejar un legado que ayudara a otras personas.

Tu lista, por supuesto, será muy distinta a la mía —*vive la différence!*—. Puedes incluir deseos de distintas áreas, como yo, o centrarte en un tema concreto.

Recuerda: este es un espacio seguro. No edites tus fantasías. No estamos pensando en cómo va a suceder nada —eso es cosa del Universo—. Nuestro papel es estar disponibles para recibirlo y darnos permiso para soñarlo.

★   CARTAS PARA MANIFESTAR: ★

* ★ *   **Tirada de claridad**   * ★ *

- Carta 1: ¿Qué creo que deseo ahora mismo?
- Carta 2: ¿Qué desea para mí mi yo superior?
- Carta 3: ¿Qué necesidades se verán satisfechas si expreso mi deseo con claridad?
- Carta 4: ¿Cuál es la energía de mi deseo en su forma más pura?
- Carta 5: ¿Con qué energía necesito alinearme para recibirlo?

Para este ejercicio, necesitarás tu baraja de tarot o de oráculo. Antes de empezar, respira hondo unas cuantas veces para enraizar tu energía.

Cuando estés listo, mezcla la baraja con la intención de encontrar claridad sobre tu deseo. En esta tirada, puedes leer todas las cartas en posición normal si no te sientes cómodo interpretando las cartas invertidas. (Consulta el Apéndice A si quieres aprender a trabajar con inversiones). Incluso puedes decírselo en voz alta a tu baraja: «Hoy pongo la intención de sacar cartas que reflejen la claridad de mis deseos. Por favor, envíame mensajes que pueda entender e interpretar con facilidad». Siéntete libre de añadir: «No voy a tener en cuenta las cartas invertidas».

Saca una carta por cada una de las cinco preguntas y escríbelo todo en tu cuaderno. Anotar lo que te dicen los naipes es mucho más potente que quedarte solo con la imagen. Hay verdadera magia en pasar los pensamientos al papel, ¡y los resultados pueden sorprenderte!

Vuelve a esta tirada siempre que necesites claridad, ya sea para manifestar o para tomar decisiones.

Date permiso para cambiar

El miedo a cómo reaccionarán las personas de tu entorno cuando cambies puede hacer que te quedes atrapado. No fue fácil decirle a una familia de académicos pragmáticos: «Me divorcio, dejo mi trabajo, regalo todas mis cosas y me voy a Nueva York para ser bruja a tiempo completo». Lo siento, mamá. Lo siento, papá.

Tener el apoyo de tus seres queridos es ideal, pero no imprescindible. Una decisión puede afectar a otras personas, sí, pero la única aprobación que necesitas es la tuya.

Hace poco, hablando con mi padre sobre proyectos futuros, me dijo que estaba «nadando en aguas peligrosas», a pesar de que ya había creado tres barajas de tarot y publicado una guía de éxito. Sé que lo dijo desde el amor y con el deseo de protegerme, pero no pude evitar reírme. Le recordé que nadie ha hecho nunca nada importante desde la parte menos profunda de la piscina y con manguitos puestos. La vida es demasiado corta —y preciosa— como para no asumir riesgos y explorar cosas nuevas.

Darme permiso para salir del armario esotérico y abrazar de verdad mi pasión por el tarot, la astrología, la espiritualidad y el crecimiento personal, en lugar de esconderla, me ha dado muchísimo más que una carrera. Me ha traído amistades afines, comunidad, una relación con el amor de mi vida, la casa de mis sueños, una familia propia, una profunda sensación de paz y un sinfín de momentos de conexión con lo divino. Piensa en tu práctica de manifestación como el salvavidas de tu barco del amor. Puede que no puedas predecir las olas, pero sí puedes construir una embarcación que te ayude a surcarlas.

Capítulo 2

FIJA TUS INTENCIONES

«Todo lo que ocurre en el Universo empieza
con una intención».

DEEPAK CHOPRA

PARA EMPEZAR TU CAMINO de manifestación, es importante
que sepas cómo prepararte para sacar el máximo provecho de la experiencia. Cada paso es sagrado, desde la preparación hasta la culminación, y tu intención impregna de energía
todo lo que haces.

La intención es la conciencia que aportas a tus pensamientos, a tus palabras y a tus actos. Cultivar la intención es
una práctica para toda la vida, y nadie lo hace perfecto siempre. En este libro exploraremos juntos el proceso completo de
la intención y de la manifestación, y cómo todo esto influye
directamente en el arte de escribir cartas de amor al Universo.
No solo hablaremos del poder que tienen esas cartas, sino
también de la mentalidad, el trabajo energético y los niveles
de expansión que necesitas desarrollar para estar abierto y
disponible a recibir aquello que deseas manifestar en tu vida,
siempre con el apoyo del tarot.

Paso 1: Reconoce tu creatividad

Conviértete en el dueño de tu creatividad. Puede que no te consideres una persona creativa, o puede que sí. En cualquier caso, quiero decirte algo: todos somos creativos a nuestra manera. En mi caso, escribir y dibujar son mis principales canales de creación, pero no son los únicos. Me siento creativa a lo largo del día eligiendo la ropa, preparando la comida. (¡Por algo llaman a algunos «artistas del bocadillo»!). Cambiar la forma en que percibes tu propia creatividad es un excelente ejercicio inicial para ampliar lo que crees que es posible para ti.

Piensa en las tareas de tu día a día. ¿Cuáles disfrutas más? ¿Cuáles te dan más pereza? ¿Puedes empezar a ver cómo aplicas tu propia creatividad a esos aspectos cotidianos, como cocinar, vestirte o decidir qué camino tomar para ir al trabajo?

Quizá hayas oído que manifestar es cocrear con el Universo. ¡Crear es un portal hacia la manifestación! Vas a aportar tu creatividad a tus cartas de amor, a tu práctica de tarot y a todo lo demás (incluso a lo aburrido) mientras encuentras tu voz de manifestación y cocreas la vida de tus sueños junto al Universo.

Cuando empieces a poner tu atención creativa en esas tareas rutinarias que sueles hacer en piloto automático —doblar la ropa, pasear al gato, fregar los platos—, empezarás a notar también tus pensamientos. Sobre todo, en esos momentos neutros. Cuando tu mente divague, entre en un bucle o se quede cavilando, observa. Hazlo sin juicio ni culpa, con curiosidad y compasión, y si te das cuenta de que estás cayendo en la autocrítica o la duda, redirígete. Puedes aprovechar esos momentos de conciencia para enfocar tu atención en temas más estimulantes, como aquello con lo que estás soñando.

Cuando me doy cuenta de que me estoy hablando mal o criticando sin necesidad, me felicito por haber pillado el pensamiento a tiempo y elijo conscientemente pensar en algo que me guste de mí, o le recuerdo a mi mente que sería mucho más divertido pensar en esas vacaciones que me esperan dentro de unos meses. Es mejor dejar de pensar en aquella frase desafortunada que dijiste una vez a alguien que no vas a volver a ver y, en su lugar, imaginarte en una playa preciosa con un bañador fucsia, un sombrero gigante y un cóctel decorado con una orquídea y una sombrillita en la mano.

Observar tus pensamientos, cuestionarlos y sustituirlos por otros nuevos forma parte del entrenamiento para tu siguiente nivel de vida. Un ejemplo: antes me frustraba mucho cuando mi casa empezaba a desordenarse justo después de haberla limpiado a fondo. Mi diálogo interno decía una y otra vez: «¿Cómo puede estar esta casa tan sucia? ¡Si me esfuerzo un montón en mantenerla limpia y ordenada!». Vamos a analizar esto último.

Esa frase repetida, «me esfuerzo un montón en mantenerla limpia», era mi realidad. En cuanto me di cuenta, la transformé por: «Estoy muy orgullosa de lo organizada y limpia que mantengo mi casa. Es fácil cuidar de este espacio así». Practicar ese nuevo pensamiento cambió por completo mi percepción. Las tareas domésticas dejaron de molestarme y empecé a sentir verdadero orgullo por mi hogar. ¿Lo mágico? Parecía que mi casa duraba de verdad mucho más tiempo limpia. Quizá era porque, al empezar a disfrutarla, dedicaba sin darme cuenta un poco más de atención. Pero el caso es que me sentía feliz. Ser intencional con lo que piensas te saca del modo automático y te devuelve al momento presente, que es donde todo puede ocurrir.

Este tipo de conciencia plena se fortalece aún más con una práctica de meditación entregada. La meditación no consiste en apagar la mente, sino en aprender a observar los pensamientos con neutralidad, sin dejar que se adueñen de tus emociones. Volverte consciente de tus pensamientos neutralizando las emociones que los acompañan, dejarlos ir sin juicio y mirarlos desde una perspectiva más elevada acelerará tus manifestaciones.

Si te cuesta encontrar tiempo para meditar, como me ocurre a mí y a muchos otros, hay un recurso sencillo para volver al presente: respirar. Hazlo ahora. Cierra los ojos. Inspira profundamente, mantén el aire siete segundos y suelta. Este pequeño reseteo no cuesta nada y te vuelve a conectar con tus pensamientos.

Es una forma rápida de enraizarte cuando estás ansioso o estresado, y también te prepara para los ejercicios interactivos que encontrarás en el libro. Yo noto una diferencia enorme en cuanto a claridad cuando dedico un instante a enraizarme antes de mis lecturas de tarot o sesiones con clientes. Lo recomiendo para cualquier tipo de trabajo interior. Puede ser tan simple como respirar hondo tres veces antes de tocar tu baraja de tarot o tu diario, o incluso antes de continuar leyendo este libro.

No te olvides de respirar antes de pasar a la siguiente sección.

Paso 2: Date permiso para hacer, tener y ser aún más

Tu crecimiento está en tus manos. A menudo buscamos señales externas de validación que nos digan que ya es hora de dar el siguiente paso, como si necesitáramos que otra persona nos confirme que estamos listos para evolucionar. Todos hemos preguntado alguna vez si nos queda bien un conjunto, en lugar de escuchar cómo nos hace sentir. O hemos esperado a que nuestro jefe reconozca nuestro esfuerzo y nos proponga un ascenso, en lugar de tomar la iniciativa y decir: «Esto es todo lo que he conseguido y aportado este año. Me encantaría que me tuvierais en cuenta para esta promoción». Estos son ejemplos comunes de cómo buscamos validación externa para confirmar que estamos listos para crecer y, en último lugar, ser una mejor versión de nosotros mismos.

Desde el punto de vista energético, el Universo refleja cuán dispuestos estamos a recibir lo que pedimos. De hecho, nos lo muestra a través de sincronías, que son oportunidades que parecen surgir de la nada, como encuentros fortuitos con una gran persona o estar en el lugar adecuado en el momento justo.

Cuando ocurren cosas buenas, ¿cómo reaccionas? ¿Las rechazas o las abrazas? ¿Y si te dijera que no necesitas esperar a que nadie te empuje hacia tu destino? ¿Y si lo único que te separa de vivir más momentos mágicos eres tú mismo? ¿Y si el miedo a darte permiso para ser más de lo que ya eres fuera lo único que te está frenando?

Cuesta asumirlo, pero muchas veces somos nosotros mismos quienes nos ponemos los límites. Es algo que mis cartas de tarot, en las que confío ciegamente, me recuerdan una y otra vez. Si estabas esperando una señal para crecer a lo grande, para transformarte de oruga en mariposa, aquí la tienes. Permiso concedido. Ya tienes la aprobación para hacer, tener y ser más de lo que jamás te has permitido imaginar. De hecho, he creado un permiso mágico para que lo firmes con tu nombre y lo guardes como recordatorio de que eres digno y capaz, y de que mereces la vida de tus sueños.

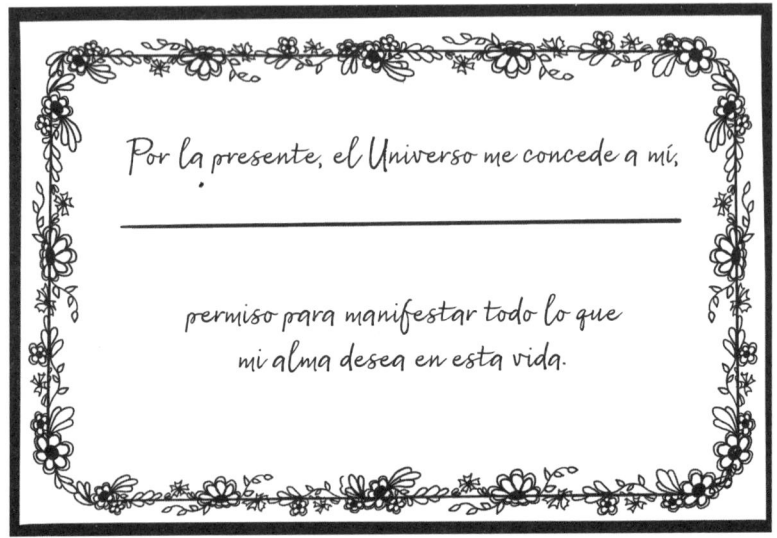

Por la presente, el Universo me concede a mí,

_____

permiso para manifestar todo lo que
mi alma desea en esta vida.

Paso 3: Fija una intención para tu camino con este libro

«Una intención es una meta con alma».

MORIAH SIMMONS,
maestra de Reiki y lectora de Registros Akáshicos

Tu intención es la puerta de entrada a tu futuro. Establecer una intención para el trabajo que vas a hacer con este libro es una forma poderosa de empezar tu viaje con las cartas de amor al Universo. Tu intención puede ser general o específica, como tú prefieras. Un ejemplo de intención general podría ser cambiar tu forma de pensar sobre tu capacidad de manifestar, o reformular tus creencias sobre lo que te has permitido soñar y sobre lo que consideras posible para ti. Aquí tienes algunos ejemplos de intenciones generales:

Mi intención es hacer de este el año más expansivo de mi vida en [el amor, el trabajo, mi impacto en la comunidad, etc.].

Mi intención es convertirme en el protagonista de mi vida.

Mi intención es transformar mi vida de forma positiva y profunda.

Si ya tienes muy claro en qué quieres enfocarte mientras trabajas con este libro, puedes empezar con una intención más concreta:

Mi intención es comprar mi primera casa.

Mi intención es atraer a mi alma gemela.

Mi intención es crear el negocio de mis sueños.

Empieces por donde empieces —con una intención general, específica o ambas— no importa, solo asegúrate de tener un punto de partida. Tu intención puede ir cambiando a lo largo del libro y siempre puedes volver aquí y ver desde dónde partiste y cuánto has crecido desde entonces. Anótala ya en tu diario.

CARTAS PARA MANIFESTAR:

La Significadora, la carta de la intención

Ahora que ya has fijado tu intención inicial para trabajar con este libro, vamos a invocar el apoyo de tu tarot con un ejercicio divertido. Saca tu baraja favorita de tarot o de oráculo. Si es la primera vez y tu baraja «favorita» es la que acabas de comprar, no pasa nada.

Vamos a elegir tu carta significadora para este viaje. Una carta significadora es una carta que eliges tú a propósito, no una que sale al azar. Igual que tu intención es una declaración hacia ti mismo y hacia el Universo, escoger conscientemente una carta es elegir la energía que te comprometes a encarnar durante este proceso.

¿Y cuál elegir? Eso depende totalmente de ti. Cuando trabajo en proyectos creativos, suelo elegir La Emperatriz como carta significadora, o el Nueve de Oros para concluir proyectos, mantenerme enraizada y atraer toda la abundancia posible. También podrías elegir La Estrella si buscas esperanza, sanación y nuevos comienzos, o El Loco si lo tuyo es lanzarte a una nueva aventura con el corazón y la mente abiertos. Sigue tu intuición. Puedes guiarte por el librito de tu baraja o consultar el Apéndice A si necesitas una ayuda extra. La carta que más resuene contigo es la elección perfecta.

Anótala en tu diario. Luego colócala en tu altar: un espacio sagrado que puedes crear en cualquier rincón de tu casa, un lugar que represente tu rincón ritual. Mi altar, por ejemplo, está en la esquina de mi escritorio. Uso una bandeja de mármol vintage y la adorno con una vela, cristales, cartas del tarot, hierbas o flores y, por supuesto, mis cartas de amor. También puedes hacerle una foto a tu altar y ponerla como fondo de pantalla en el móvil o el ordenador, así tendrás un recordatorio constante para reconectar con esa energía durante el día. A mí me gusta escribir mi intención en una tarjeta bonita y colocarla junto a la carta significadora en mi altar de escritura, rodeada de mis cristales favoritos. Me encanta el rosa, así que casi siempre hay algún cuarzo rosa. Haz lo que te haga sentir bien.

Si más adelante surge una nueva intención durante tu trabajo con este libro, vuelve a lo que escribiste aquí y, si hace falta, elige una nueva carta significadora. Observa cómo te sientes con tu nueva intención y registra cualquier cambio o mensaje en tu diario.

Guía para tu viaje personal

En este libro comparto lo que me resulta más íntimo y significativo: cómo utilizar el tarot y las cartas de amor al Universo para apoyar tu proceso de manifestación. Es una experiencia profundamente personal que será distinta para cada uno. Las cartas de amor de mi mejor amigo, por ejemplo, suenan radicalmente distintas a las mías. No se trata de seguir un guion prefijado, sino de tejer un tapiz emocional con los sentimientos vinculados a las experiencias que deseas vivir.

Cambiar tu forma de concebir la manifestación y tener una práctica espiritual te permite encontrar el equilibrio entre verte como un ser espiritual y vivir una experiencia humana. Puedes disfrutar de las bellezas y los lujos del mundo material mientras alcanzas tus aspiraciones espirituales. Puede que necesites tiempo para reconciliar estas dos facetas, y en cada persona se manifestarán de manera distinta. Lo que a ti te resulte trascendente y satisfactorio puede ser completamente distinto para otra persona. Y esa es precisamente la belleza de este trabajo: no hay una fórmula universal. A medida que crezca tu confianza y refuerces la fe en ti y en el Universo, harás tuyo este proceso.

Una técnica de manifestación muy simple que aprendí en mi camino fue arraigarme en la gratitud. La primera vez que la practiqué, tenía que pensar en algo lujoso que ya tuviera y por lo que me sintiera agradecida. Mi primer pensamiento fue una botella carísima de perfume Byredo que adoraba y que estaba a punto de acabarse. Me pareció una tontería, algo frívolo, y descarté la idea. Dos días después, mi hermano me llamó desde Barney's para decirme que había una gran oferta de perfumes Byredo y preguntarme si quería que me comprara uno. El Universo se me antojaba de lo más divertido. Y más aún cuando, al día siguiente, mi madre me llamó para preguntarme si podía regalármelo por Navidad. Parecía que el Universo iba corriendo a trompicones para darme aquello por lo que me había sentido agradecida. Ahora me baño en mi fragancia favorita (por si te lo preguntas, es *Gypsy Water*, de Byredo).

No comparto esta historia para animarte a pensar en todas las «cosas» que puedes conseguir. La manifestación no tiene nada que ver con el materialismo, sino con sentirte merecedor y digno de lo que deseas; pero está bien —y es sano— tener deseos y, a la vez, ser una persona espiritual.

Solo tu diálogo interior puede crear lo que será verdaderamente significativo para ti. Deja que sea excitante, sensual, romántico, vibrante… Todo eso que a veces no te permites ser en tu día a día.

Conoce a tu yo del futuro

Ese yo que vive en tu mente, esa versión idealizada de ti mismo, representa tu potencial, aunque puede que sea muy distinto al yo cotidiano que te acompaña a diario. Cuando empecé con este trabajo, me di cuenta de que la persona que habitaba en mi imaginación no se parecía en nada a la que arrastraba los pies hasta el trabajo para ganarse un sueldo sintiéndose vacía e insatisfecha. Mi día terminaba según la programación de la tele, seguido de compras *online* hasta quedarme dormida. Lavar, enjuagar, repetir. Muy lejos de esa artista y autora de éxito que paseaba por mi mente con trajes espectaculares y un estudio maravilloso donde poder crear. Esa versión de mí viajaba por el mundo, hablaba ante grandes auditorios y establecía conexiones significativas. Tenía un hogar precioso y una familia cariñosa esperándola. ¡Quería conocer a esa mujer y pedirle un autógrafo!

Para mí, era una mezcla entre una Morticia Addams moderna —una mamá gótica y sexi, con dos hijos y un marido romántico y devoto viviendo en la mansión de estilo victoriano de sus sueños— y uno de mis ídolos: Louise Bourgeois, una artista francesa elegantísima que supo combinar su vida doméstica con la creación de cuadros, esculturas e instalaciones de gran formato que exploraban la maternidad, la sexualidad y el papel de hija, esposa y madre (doncella, madre, anciana). Aquello me emocionaba por dentro y por fuera: era así como quería vivir.

Hasta entonces, el miedo me había tenido atrapada. No me permitía alcanzar esos sueños que anhelaba en secreto con tanta fuerza. Trabajaba buscando la aprobación ajena en vez de arriesgarme al fracaso o al rechazo. Me aterraba que me hicieran daño o me humillaran. Pero a veces no es el miedo al fracaso o al rechazo lo que impide que nuestros deseos se vean manifestados, sino la falta de claridad e intención.

Vuelve al ejercicio del capítulo anterior para inspirarte y pregúntate: «¿Cómo me veo a mí mismo en mi mente? ¿Cómo visto? ¿Dónde vivo? ¿Cómo paso los días, tanto trabajando como descansando? ¿De quién me rodeo?».

Ahora compara esta persona que has conjurado con la que eres tú en tu vida diaria. ¿Qué pasaría si esos dos mundos se encontraran?

Tómate un momento para escribir lo que te surja. Observa cómo te sientes al visualizar a ese «nuevo yo». Anótalo también.

Este ejercicio te dará más claridad sobre lo que deseas incluir en tus cartas de amor al ayudarte a reconocer cómo quieres sentirte cada día y alinearte así con la frecuencia energética de tus deseos.

Arquetipos del tarot para la manifestación

EL MAGO (I)

El mago

El Mago es el gran manifestador del tarot, su nombre ya es pura magia. Suele representarse con los instrumentos de los cuatro elementos (tierra, aire, fuego y agua), con una mano apuntando al cielo y la otra a la tierra, recordándonos que creamos nuestra realidad en colaboración con el Espíritu.

Esta carta, la número 1 de los Arcanos Mayores, simboliza la fuerza individual y el comienzo del viaje. Si aparece en tu tirada, el Universo quiere que sepas que tienes todo lo necesario para manifestar tus deseos y cuentas con el apoyo divino. ¡Atento a los mensajes que te envía el Universo y mantén la fe!

LOS ASES

Todos los Ases son cartas muy potentes para la manifestación, pues
comparten la energía del Mago. Piensa
en ellos como una concentración pura
de cada uno de los elementos que el
Mago sostiene.

As de Espadas

El As de Copas (agua) evoca emociones y amor; el As de Bastos (fuego),
pasión y creatividad; el As de Espadas
(aire), ideas, comunicación, claridad; y
el As de Oros (tierra), dinero, trabajo,
salud.

Por ejemplo, si estás actuando con mucho fuego (pasión,
acción) y aparece el As de Copas, quizás el Universo te está
diciendo que necesitas parar un poco y resetearte con una
ducha caliente o un baño en el mar. Los ases marcan el comienzo de una maratón, no de un esprint.

LA RUEDA DE LA FORTUNA (X)

Rueda de la Fortuna

La Rueda de la Fortuna es la carta de la acción alineada, el destino y el tiempo divino. Como décimo Arcano Mayor, simboliza los acontecimientos predestinados y la acción del Universo a tu favor. También está asociada al fin de un ciclo.

Si aparece, es señal de que, aunque aún no se haya materializado aquello para lo que estás trabajando, está en camino. Recuerda que a veces la oscuridad es más densa antes del amanecer. Pregúntate qué necesitas cerrar o soltar para dejar espacio a la llegada de tu manifestación.

LA ESTRELLA (XVII)

La Estrella viene justo después de La Torre: trae sanación, esperanza y fe renovada en ti mismo y en el Universo. Suele representarse con una figura etérea que vierte luz cósmica sobre el mundo, con un pie en la tierra y el otro en el agua. Siempre está de tu lado, ungiéndote con su bálsamo sanador.

Para manifestar tus deseos, tienes que confiar en que es posible que se presenten en tu realidad física. La Estrella es la guinda del pastel para las lecturas que te guiarán en la oscuridad del trabajo de sombras y te ayudarán a mantener tus visiones. Ten por seguro que lo que mora en tu corazón está hecho para ti. La sanación no es lineal, pero puede obrar milagros.

El proceso en acción: de la especificidad al desapego

En el capítulo anterior hablamos de lo importante que es ser específico al revelar tus deseos al Universo y tener claro lo que realmente quieres. Ahora vamos a ver el otro extremo: cuando lo somos demasiado.

Es natural pensar que sabemos exactamente lo que nos conviene, pero a veces estamos demasiado obsesionados con los detalles. Cuando te centras en los pormenores de cómo quieres exactamente que algo se te muestre, no das margen al Universo para que actúe. Dejar espacio para algo mejor que lo que tú has concebido forma parte del juego y puede hacer realidad tus manifestaciones mucho más rápido. Intentar controlar el resultado es un asunto delicado cuando ya tienes claros tus deseos.

Una trampa peligrosa en la que yo misma y una infinidad de clientes y amigos hemos caído es intentar manifestar una relación con una persona concreta. Aunque me encanta la opinión de que «lo que buscas te está buscando», a veces lo que queremos no está alineado con nosotros, sin importar cuánto lo queramos. Si ves que estás buscando una relación de pareja específica, un trabajo o un objeto, pero, por más que lo intentas, te sientes bloqueado y frustrado, lo más probable es que estés siendo demasiado específico. Más que manifestar, lo que estás haciendo es tratar de controlar.

Como lectora profesional de tarot, escucho la misma historia una y otra vez de personas de todos los ámbitos de la vida. Son atractivos, inteligentes, creativos y con iniciativa, y me piden lecturas centradas en esa relación intermitente con alguien a quien consideran su alma gemela. Invierten muchísimo tiempo (¡y dinero!) en lecturas de tarot y astrología, en velas de amor, rituales, hacen todo lo posible para que esa persona los vea, los ame y se comprometa con ellos como la pareja que creen que están destinados a tener. Pero esas personas en las que centran su deseo suelen ser erráticas: los mantienen enganchados con migajas de afecto, desaparecen sin avisar y luego reaparecen justo cuando la otra parte empieza a superarlas.

Resulta confuso y doloroso cuando alguien te abandona y luego reaparece. Da una falsa sensación de esperanza, como si esta vez fuera a ser diferente, como si por fin fuera a darte la relación que tanto deseabas. Este tipo de relaciones son una de las formas que tiene el Universo de invitarte a cambiar de perspectiva, de mostrarte el espejo en el que se refleja tu sombra.

A mis clientes, cuando se encuentran en esta situación, siempre les hago tres preguntas muy concretas: si realmente consiguieras lo que quieres —el compromiso de esa persona—, ¿cómo te sentirías de verdad? ¿Te sentirías en calma, con confianza, seguro? ¿O estarías esperando con ansiedad la próxima salida dramática?

Las conductas que describen suelen corresponder a personas que no están alineadas con el tipo de pareja que ellos buscan o merecen. En lugar de forzar una relación que solo les deja heridas y frustración, lo que el Universo intenta es mostrarles un mapa hacia lo que necesita ser sanado en su interior para que puedan abrirse a una relación amorosa y plena, como la que de verdad desean.

Pero no siempre es fácil verlo. Muchas personas no reconocen los aspectos de su sombra ni las creencias limitantes que arrastran sobre el amor y las relaciones. Temen, en el fondo, no ser dignos de una relación sana y respetuosa.

Mientras ese miedo siga ahí, manifestar un deseo tan específico que no deja espacio a nada más solo consigue bloquear lo que el Universo quiere darte de verdad. En estas situaciones, lo más habitual es que acabemos llegando a un punto de inflexión, un momento de rendición. Y ahí es donde ocurre la magia. Ese es el instante que el Universo estaba esperando: la oportunidad de mostrarte lo agotador que es empujar y forzar continuamente. Es el momento de soltar, de dejarte sostener, de dejar que el Universo empiece a trabajar a tu favor. Aquí es donde tu práctica de tarot puede convertirse en una gran aliada. Aquí es donde entra en juego la carta de La Muerte.

En el próximo capítulo, profundizaremos en los miedos, la sombra, tus creencias subconscientes y cómo integrarlas de forma segura y acompañada. Y, aunque eso pueda sonar un poco intimidante, es realmente divertido.

Capítulo 3

LA SOMBRA SABE

«Cada uno de nosotros proyecta una sombra
tanto más oscura y compacta cuanto menos encarnada
se halle en nuestra vida consciente».

CARL JUNG

NUESTRA SOMBRA ES EL LUGAR donde escondemos las partes de nuestra personalidad que consideramos inaceptables, imposibles de amar o indeseables. Sacar a la luz estos aspectos ocultos y aprender a aceptarlos en nuestra conciencia es fundamental para materializar nuestros deseos en el plano físico. Por eso el trabajo de sombras es una parte esencial del proceso de manifestación.

La Ley de la Atracción dice que lo semejante atrae a lo semejante, lo que lleva a muchas personas a intentar por todos los medios mantenerse alegres y positivas respecto a sus manifestaciones, ignorando sus creencias subconscientes más profundas. A esto se lo conoce como «positividad tóxica». No es posible manifestar lo que deseas a base de amor y luz si, en lo más profundo, no te sientes merecedor o valioso. Esas creencias pueden estar bloqueando tus manifestaciones con el fin de proteger tu sistema nervioso y evitar que te sientas en peligro.

Antes de continuar, quiero dejar claro que tanto el tarot como el trabajo de sombras son herramientas de transformación muy poderosas, pero no sustituyen la ayuda profesional en salud mental. Los ejercicios que te propongo en este capítulo están pensados como apoyo para el crecimiento personal, pero no reemplazan el trabajo con un terapeuta o consejero acreditado.

El trabajo de sombras consiste en tirar del hilo dorado de los pensamientos y miedos que te han mantenido alejado de tus grandes sueños. Supone enfrentarte a todo lo que aparece una vez que esos hilos salen de los rincones oscuros de tu subconsciente y puedes verlos a plena luz. En este capítulo trabajaremos con ejercicios de diario personal y tiradas de tarot diseñadas para ayudarte a identificar y desmontar esas creencias ocultas, de modo que dejen de interferir en tu manifestación. No tengas miedo de lo que puedas descubrir. Todas las personas a las que admiras o que te han inspirado han hecho este mismo trabajo a su manera. Si ellas han podido, tú también puedes. Te prometo que no da tanto miedo como parece.

Proyección de aspectos de la sombra: reconoce los espejos en los demás

«No vemos las cosas como son, sino como somos».

ANAÏS NIN

El término «sombra» se usa mucho tanto en psicología como en espiritualidad para describir aquellos aspectos inconscientes de la personalidad con los que el ego no se identifica. El reconocido psicoanalista Carl Jung definía la sombra como el lado oscuro e ignorado de nuestra personalidad. Al ser instintiva e irracional, la sombra tiende a proyectarse en los demás: lo que no soportamos de nosotros mismos lo vemos como fallos morales en otras personas. En otras palabras, nos cuesta aceptar nuestras propias imperfecciones, tanto que preferimos ocultarlas para que nadie —ni siquiera nosotros mismos— las vea. Pero ese intento de ocultarlas no suele funcionar. Aquello que tratamos de esconder sale igualmente a la luz a través de la proyección.

Los aspectos de nuestra sombra están a plena vista, disfrazados de esos rasgos que nos molestan en los demás. Todos lo hacemos, aunque no sea con mala intención. Aprender a identificar estas proyecciones es una de las formas principales de trabajar con la sombra.

Piensa en alguien que te saca de quicio: ¿qué es exactamente lo que te molesta de esa persona? ¿Es posible que tú también compartas alguno de esos rasgos, aunque prefieras no admitirlo? En mi caso, durante mucho tiempo me fastidiaban los *influencers* de las redes sociales. La idea de que alguien pudiera construir toda una carrera en torno a sí mismo y a lo bien que parecía irle la vida me sacaba de mis casillas. Miles de personas viendo cómo esa persona comparte cada detalle, a menudo aburrido y mundano. Muchos ni siquiera eran particularmente especiales y, sin embargo, la gente parecía hipnotizada por ellos.

Tras investigar mucho a través de las preguntas de mi diario y las tiradas de tarot, me di cuenta de que solo era una proyección de mi sombra, que había aprendido a tener miedo de ser vista y a sentirse insegura al destacar. Fue una lección poderosa. En el fondo, yo también deseaba ser admirada públicamente, pero me aterraba que me juzgaran o me censuraran y proyectaba ese miedo en personas que estaban haciendo justo lo que yo quería hacer. Este es un aspecto común de la sombra, sobre todo entre quienes soñamos con vivir a lo grande y de una forma emocionante.

Es imposible controlar cómo te van a percibir, así que, ¿por qué no vivir la versión más épica posible de tu vida? Cuando decides avanzar hacia tus deseos, el Universo empieza a ponerte por delante personas y situaciones que te muestran exactamente qué tienes que sanar para vivir plenamente. Siempre que algo o alguien te altere, recuerda que eso es exactamente lo que está ocurriendo. La manera en que gestionas esos momentos es lo que impulsa tu evolución hacia la persona alineada con lo que estás manifestando.

¿Estás preparado para dejar de sentirte víctima de tu sombra y convertirla en el mapa que te guíe hacia tus sueños?

Comparte tu vergüenza

Uno de los mayores desafíos del trabajo de sombras es reconocer e integrar esos aspectos que no queremos admitir ante nadie, ni siquiera ante nosotros mismos. Reconocer que tenía un problema con los celos me provocó mucha vergüenza, incomodidad y culpa; eran justo esas emociones las que me pasaba la vida intentando evitar. Confesar primero en mi diario que sentía celos, y después contárselo a amigos de confianza, me ayudó a sentirme más segura y a dejar de juzgarme por ello. Hoy en día hablo abiertamente de mi experiencia con los celos, porque fue algo que me avergonzó profundamente y que oculté durante muchos años.

Me di cuenta de que era en aquellos periodos cuando no estaba alineada con nada de mis listas de manifestar. Si ahora mismo sientes que tus deseos no terminan de tomar forma en tu realidad física, te invito a escribir eso que más te cuesta compartir con los demás, lo que más miedo te da que sepan de ti. Mi lista era algo así:

- Celos.
- Autocompasión.
- Victimismo.

Este ejercicio es muy potente para avanzar en tu trabajo de sombras. Escribir esas cosas que preferirías no contarle a tus seres queridos crea un espacio seguro dentro de tu diario.

Ahora que puedes ver tu vergüenza por escrito, tómate un tiempo para escribir libremente sobre los peores escenarios que te imaginas si las personas a las que quieres se enteraran. Yo pensaba que la gente sentiría el mismo asco por mí que yo sentía al ver cuánto afectaban los celos a mi estado de ánimo. En realidad, a nadie le importó. Es más, hablar abiertamente de mis celos y de mis crisis de autocompasión fue liberador. Mis amigos y mi familia mostraron comprensión y muchos compartieron sus propias experiencias.

La verdad es que las personas están más centradas en sí mismas que en ti. Aquello que tú ves como algo imperdonable, para ellos apenas supone un detalle sin importancia. Y, aun así, las personas de tu vida quieren conectar contigo y entenderte mejor. ¡Deja de perder el tiempo preocupándote por lo que pensarán de ti y permíteles conocerte de verdad! Cuando empiezas a hablar abiertamente de tus aspectos de sombra, dejan de estar en la sombra.

Este ejercicio tiene dos beneficios importantes: por un lado, te coloca en una posición de vulnerabilidad auténtica que te acerca a tus manifestaciones; y, por otro, puede que sin saberlo ayudes a otras personas al compartir tu verdad.

Profundiza en tus creencias subconscientes

Cuando hablo de que tu sombra incluye aspectos que no te gustan o que no puedes aceptar de ti mismo, no me refiero solo a que no te guste el color de tus ojos o la forma de tus muslos. Lo que quiero que observes son las creencias subconscientes que se esconden detrás de esos pensamientos intrusivos. Criticarte por tu apariencia física, por ejemplo, tiene como trasfondo la creencia de que no eres suficiente tal como eres.

Tres de los ámbitos donde nuestra sombra más claramente nos indica que hay trabajo interior pendiente son: el dinero, el amor (o las relaciones) y el aspecto físico. En el fondo, todos tienen que ver con sentirnos dignos de recibir, algo absolutamente clave en cualquier práctica de manifestación. En lugar de seguir alimentando pensamientos, historias y creencias limitantes que bloquean la llegada de tus deseos, ¿por qué no curiosear haciéndote preguntas útiles? El camino de salida es siempre hacia dentro.

Tómate un momento para responder a estas preguntas en tu diario:

- ¿Qué te llevó a creer que no eras suficiente tal como eres?
- Piensa en una situación reciente que te haya descolocado. ¿Qué aspecto de tu sombra crees que intentaba salir a la luz para que fueras consciente de él?
- ¿Qué narrativas internas has interiorizado y te siguen haciendo actuar como si tuvieras que esconderte o evitar ser el protagonista de tu propia vida?

Es posible que hayas tenido que convertirte en alguien que no eras para poder recibir amor, aceptación y, en última instancia, sentirte a salvo. Desentrañar quién tuviste que ser —y en qué se diferencia de quién eres realmente— es el camino de regreso a tu yo auténtico. Esa versión auténtica de ti es la que manifiesta con más fuerza. ¡Ha llegado el momento de dejarla brillar!

En 2016, yo pensaba que todo se colocaría mágicamente en su sitio después de haber hecho cambios enormes en mi vida. Me había separado, había regalado el 95 por ciento de mis pertenencias, había dejado mi trabajo y me había mudado de Florida a Nueva York. Eso era lo difícil, ¿no? En cambio, me encontré completamente bloqueada. Sentada sobre un colchón en el suelo de un piso casi vacío en Brooklyn que apenas podía permitirme, pensaba: «Mierda, ¿cómo he acabado aquí? ¿Por qué no me está pasando nada bueno? ¿Qué se supone que tengo que hacer ahora?». Me sentía más perdida y confundida que nunca.

Agotada y enfadada, me pasé meses dándome lástima, organizando una especie de fiesta del victimismo a la que invitaba a todo aquel que quisiera escuchar mis quejas sobre lo injusto que era todo. Había tenido el valor de dejar atrás todo lo que ya no me servía y, sin embargo, me sentía más sola e insatisfecha que nunca. Era como si el Universo me estuviera castigando. Ese bombardeo diario de frustración y tristeza no era sostenible, y al final llegué a un punto de inflexión. Gracias al trabajo rutinario con mi diario y con las cartas del tarot, tuve un momento de revelación: me di cuenta de que estaba esperando que mis circunstancias externas cambiaran mi experiencia interior.

Y ahí fue cuando descubrí el trabajo de sombras. Empezar a mirar lo que se escondía en mi sombra y aprender a abrazarlo me transformó por completo. Algunas cosas estaban tan a la vista que dolía admitirlas; otras me llevaron horas de escritura y un sinfín de lecturas de tarot hasta poder sacarlas a la luz.

Pero no tienes por qué sentir que estás solo ni que no sabes por dónde empezar: tu sombra siempre está intentando mostrarse, taimada, de mil formas distintas. Puede aparecer en una relación que despierta tus inseguridades más profundas, en una amistad que se parece más a una competición o al juzgar a alguien en Internet porque su contenido (parecido al tuyo) recibe miles de visualizaciones mientras que lo que tú publicas parece invisible. Reconocer estos espejos es la clave para transformar el modo en que te afectan. No siempre es fácil tener la perspectiva suficiente para manejar las situaciones que te alteran emocionalmente, así que ser proactivo e intencional con tu trabajo de sombras cuando no estás en un estado de desregulación emocional puede ayudarte a mantenerte centrado cuando lleguen esos momentos.

Sanar tu sombra es una de las claves de la manifestación. Lo que encuentres en ella está directamente relacionado con lo que está impidiendo que tus deseos se materialicen. La forma más sencilla de empezar a trabajar con tu sombra es hacerlo al revés: parte de tus manifestaciones, una por una, y examínalas, en lugar de intentar buscar a ciegas las mentiras que tu mente te ha contado para protegerte. Nuestro ego está diseñado para evitar que sintamos dolor, por eso nuestras creencias subconscientes se esconden justo bajo la superficie de nuestra conciencia: para evitar que sintamos vergüenza. En algún momento de tu pasado, esas partes de tu sombra se formaron como mecanismos de defensa. Por eso, por favor, sé amable contigo mismo mientras recorres este capítulo. Puede que esta etapa no sea la más divertida, pero es una de las más enriquecedoras en cuanto a crecimiento personal. Hacer cosas difíciles es la principal fuente de dopamina y, además, las partes de ti que más te cuesta aceptar suelen ser la llave de acceso a tu magia personal.

Reprograma los bloqueos hacia tus manifestaciones

Elige una de tus manifestaciones en la que quieras centrarte para este ejercicio, una que aún no se haya materializado. Empieza escribiendo tu deseo como si ya se hubiera cumplido en el espacio que encontrarás más abajo. Algunos ejemplos:

Ahora soy el orgulloso propietario
de la casa de mis sueños.

Estoy en una relación comprometida con mi pareja ideal.

Ahora estoy libre de deudas.

Tengo una relación maravillosa con mi familia.

Me pagan muy bien por hacer un trabajo que me apasiona.

Una vez que hayas escrito tu manifestación, fíjate en cómo te has sentido al escribir esas palabras. ¿Tu mente ha reaccionado automáticamente intentando corregirte, aportando pruebas empíricas que demuestran que esa afirmación no es cierta? ¿Qué más ha surgido? En tu diario, anota todas las excusas, hechos o razones que contradigan lo que acabas de escribir y que hayan surgido en tu cabeza.

Esas razones son la clave para identificar tus creencias subconscientes. Utilízalas para responder a las siguientes preguntas:

- ¿De quién es la voz que te dice que no puedes tener lo que deseas? ¿Es la de tu madre, tu padre, una expareja, una amistad…? Tu crítica interior rara vez es una voz genuinamente tuya. Suele ser un compendio de personas que, de una forma u otra, reprimieron o invalidaron tu expresión auténtica.
- Una vez que hayas identificado esa voz (o voces) vinculadas a esta manifestación concreta, ¿puedes recordar una situación con esa persona en la que sentiste que

tenías que ocultar tu verdadero yo para sentirte seguro
y aceptado?

- ¿Era peligroso expresar ciertas emociones o ideas en tu
casa o en tus relaciones? ¿Qué partes de ti no estaban
permitidas o no eran bien recibidas? Identificar los aspectos de tu personalidad que fueron considerados
inaceptables por tus cuidadores, tus amistades o tus
parejas te permitirá reconocer las facetas de tu sombra
que ahora sienten miedo a mostrarse.

Que en el pasado no fuese seguro encarnar esas cualidades
no significa que sean malas, ni que tú lo fueses por tenerlas.
Simplemente hiciste lo necesario para sobrevivir en aquellas
circunstancias. Este es un proceso que todos atravesamos de
una forma u otra. Así es como evitamos convertirnos en personas complacientes, con límites difusos. El trabajo de sombras te guía para reconstruir tu relación contigo mismo, vol-
viendo a conectar con esa versión poderosa que siempre ha
estado dentro de ti. Permitir que esas partes salgan a la luz y
abrazarlas con cariño es el tipo de sanación que te ayudará a
atraer tus deseos de forma más rápida y auténtica.

La sombra también influye en cómo te presentas en las relaciones o en las decisiones profesionales. Yo crecí en un entorno donde se premiaba el rendimiento académico por encima de la creatividad y la experimentación. Recibí el mensaje
de que ser artista equivalía a ser inestable y pobre, que las
artes no eran una carrera profesional real. No es de extrañar
que pasara buena parte de mis veintitantos atrapada en trabajos de oficina que drenaban mi energía y apenas me daban
para vivir. Quería que mis padres me vieran como una adulta
responsable y madura, capaz de mantener un trabajo de nueve a cinco, aunque por dentro me sintiera vacía e insatisfecha.
No duraba más de uno o dos años en ninguno de ellos y me

avergonzaba agotarme tan pronto. Veo esto en muchos de mis clientes: se quedan en empleos que odian porque no tienen una narrativa positiva en torno a la carrera creativa que sueñan con perseguir. ¿Te suena?

Muchas personas eligen trabajos que creen, a nivel inconsciente, que sus padres o la sociedad aprobarán. Buscan una nómina estable que les proporcione seguridad, ignorando los talentos innatos que consideran menos rentables. Eligen la seguridad antes que la pasión, la aceptación antes que el atrevimiento. Todos queremos sentirnos validados en nuestras elecciones y a menudo tomamos decisiones pensando en cómo nos verán los demás en vez de seguir un camino incierto pero que tiene sentido desde el corazón.

Piensa en un momento de tu vida en el que apostaste por algo (o por alguien) que, sobre el papel, parecía una decisión lógica, pero que acabó por desilusionarte. En el fondo, sabías que no era para ti. Estoy aquí para decirte que nunca estás atrapado: siempre puedes elegir de nuevo. Deja que esta fase de trabajo de sombras sea tu sostén, y el Universo, tu aliado, mientras reprogramas tus creencias subconscientes en torno a tus deseos.

El trabajo de sombras es ese rastro de migas que te guía fuera del bosque oscuro. Manifestar significa darte permiso para confiar en que ese bosque oscuro era justo donde necesitabas estar, y que esas migas, hechas con amor, fueron colocadas a propósito por el Universo para ayudarte a encontrar el camino. Así fue como descubrí que la carrera creativa que mi alma anhelaba no estaba realmente fuera de mi alcance: simplemente había interiorizado la voz de mis padres —siempre con la mejor de las intenciones—, que me decían que la vida del artista era inestable y plagada de fracasos. Me había programado, sin saberlo, para sabotear aquello que más deseaba, porque en el fondo creía que nunca podría ganar dinero o tener el estilo de vida que soñaba siendo creativa. Dar con esta verdad no me hizo enfadarme con ellos ni conmigo misma. Comprendí que querían lo mejor para mí, que no había maldad. Pero esa perspectiva me permitió ilusionarme al haber encontrado una puerta secreta que me llevaba hacia posibilidades que antes ni me atrevía a considerar. Cuando las personas que te quieren no han logrado lo que tú estás intentando crear, les cuesta tener la fe necesaria para confiar en lo desconocido. Esa es *tu* tarea.

CARTAS PARA MANIFESTAR:

Tirada de tarot para iluminar la sombra

Para esta actividad, ten a mano tu baraja de tarot, un bolígrafo y tu diario. Esta tirada es útil para que tu subconsciente te muestre qué parte de tu sombra desea acceder a tu conciencia, ayudándote a confiar en tu intuición y a desbloquearte en tu trabajo de manifestación. Trabaja con esta tirada siempre que necesites claridad sobre qué aspectos de tu sombra requieren atención inmediata. Puedes volver a ella siempre que te sientas atascado en tu proceso de manifestación.

Busca un lugar tranquilo para despejar la mente. Respira hondo varias veces mientras barajas tus cartas.

Formula la intención de recibir mensajes claros y certeros sobre tu trabajo de sombras. Decide si vas a trabajar con cartas invertidas (es decir, si vas a interpretar de forma diferente las que salgan del revés) o si leerás todas en posición normal.

Una vez que hayas barajado, saca una carta para cada uno de los siguientes puntos. Te recomiendo dejarlas boca abajo hasta haberlas sacado todas.

Apunta en tu diario las que salgan. Escribe los mensajes, recuerdos o ideas que te vengan al ver cada una, así como tus sensaciones al observarlas.

- Carta 1: Un aspecto de mi sombra que desea salir a la luz en este momento.
- Carta 2: Un recuerdo, historia o creencia asociada a este aspecto que desea ser sanada.
- Carta 3: Una forma de mostrar amor y compasión hacia mí mismo y hacia este aspecto.
- Carta 4: Cómo integrar este aspecto de mi sombra en mi conciencia, reconociéndolo como un don.

CLAVES DE INTERPRETACIÓN:

Muchas de las tiradas de este libro incluyen consejos de interpretación como este para ayudarte a profundizar en tu relación con las cartas. Una vez que hayas desarrollado bien tu intuición respecto al significado de cada arcano, puedes acudir al Apéndice A para ampliar tus conocimientos sobre la simbología tradicional del tarot (números, elementos, temas, etc.).

Tómate tu tiempo con la Carta 1. Observa lo que te transmite nada más verla y anota tus primeras impresiones. Fíjate en los colores, las figuras, lo que está ocurriendo en la imagen y qué te hace sentir, antes de correr a buscar su significado en el libro.

Después, mira la Carta 2 en relación con la 1. ¿Te trae algún recuerdo concreto? Incluso si lo que surge no parece tener relación directa con tu manifestación, deja que tu intuición te guíe. Escribiendo en tu diario, verás con más claridad qué quiere mostrarte el tarot. Confía en que el mensaje es el que necesitas en este momento.

La Carta 3 es una sugerencia de acción, ya sea interna o externa. Permite que tu intuición te muestre cómo trabajar con la medicina que trae esa carta.

La Carta 4 te invita a encontrar el amor y la aceptación que no recibiste de los demás. Tal vez implique perdonarte o intuir nuevas formas de actuar una vez que ese aspecto de tu sombra haya salido a la luz.

Arquetipos del tarot para el trabajo de sombras

El tarot está lleno de arquetipos para el crecimiento personal. Algunas cartas resultan emocionantes: es todo un subidón ver aparecer La Estrella, El Sol, Los Enamorados, El Mago, el Dos de Copas, el Diez de Copas o cualquiera de los ases. Son una confirmación de que vas por buen camino. Pero hay otras que pueden provocar una reacción visceral cuando las ves en tu tirada. Esa primera impresión que te causa una carta concreta es la clave de lo que intenta decirte. ¡No ignores esa reacción! Estas cartas «difíciles» o «temidas» son, de hecho, mis favoritas para el trabajo de sombras. Vamos a ver cómo pueden ayudarte en este proceso a fortalecer tu relación con el tarot y a acercarte aún más a tus deseos.

TRES DE ESPADAS

El Tres de Espadas es, por excelencia, la carta del tarot para trabajar con la sombra. Contiene una valiosa enseñanza sobre cómo transformar nuestras narrativas con el fin de sanar la sombra. La imagen de un corazón atravesado por tres espadas es tan poderosa como inquietante. La primera espada representa el hecho que provocó la herida, mientras que las otras dos simbolizan las historias que nos contamos al respecto y que siguen clavándose en nuestro corazón. Cuando esta carta aparece en una lectura, nos lleva intuitivamente a un recuerdo doloroso. Lo sientes de inmediato en tu cuerpo, como si te transportaras a ese momento y todo volviera a suceder en el presente. La mente lo reproduce, una y otra vez, perpetuando la historia. Y lo hacemos todos.

Esta carta está vinculada con La Emperatriz (III) de los Arcanos Mayores, que nos enseña el poder de la energía femenina o yin, cómo atraer y magnetizar nuestros deseos a través de la receptividad y la apertura. Todos los treses de los Arcanos Menores se relacionan con la energía de La Emperatriz en una forma concentrada y en función de su elemento correspondiente. El palo de espadas representa el elemento aire, que rige nuestros pensamientos, la mentalidad y la memoria. Si pusieras una carta de la Emperatriz junto al Tres de Espadas, el Tres de Copas, el Tres de Bastos y el Tres de Oros, podrías ver claramente dónde está el desequilibrio. Necesitamos que los cuatro elementos trabajen en armonía para hallarnos plenamente en la energía de la recepción —es decir, de la manifestación—.

Cuando aparece el Tres de Espadas en una tirada, te está preguntando si sabes que puedes cambiar tu historia. La invitación sanadora de esta carta es ayudarte a sacar esas espadas de tu corazón y dejarlas ir.

El perdón es otra de las capas de sanación que trae esta carta. Y no es fácil. Todos nos aferramos a esos puñales y les hacemos hueco en nuestra mente de forma gratuita. ¿Te has preguntado alguna vez qué sería posible si pudieras pasar página? ¿Podrías perdonarte y también perdonar a las demás personas implicadas en tu historia? ¿Qué espacio podrías abrir en tu corazón si lo liberaras de todo eso?

El Universo te está suplicando que dejes sitio. No se puede recibir con el puño cerrado. Tómate un momento para reflexionar sobre qué creencias llevas demasiado tiempo arrastrando y cómo podrían estar bloqueando la llegada de tus manifestaciones.

EL DIABLO (XV)

El Diablo es otra de las cartas clave para el trabajo de sombras. La iconografía tradicional muestra a una pareja similar a la de Los Enamorados (VI), pero el ángel ha sido reemplazado por el Diablo y la pareja aparece encadenada a esta figura inquietante. Mientras que Los Enamorados habla de elegir la vía divina en cada situación y de conectar con el yo superior, El Diablo representa las tentaciones de baja vibración y los rasgos tóxicos. Aun así, no es una carta que deba inspirar miedo, por muy provocadora que sea su imagen.

Esta carta quiere que seas honesto contigo mismo y que asumas tu parte de responsabilidad en todo lo que te sabotea. Puede tratarse de evasión, abuso de sustancias, búsqueda de validación externa, procrastinación, morbo hacia malas noticias, miedo a la intimidad, comparación constante… La lista no acaba nunca. El Diablo siempre va a sacar a la luz tus mentiras. Considéralo la mano firme de la baraja.

Cuando aparece en una lectura, te está pidiendo que tengas una conversación sincera contigo mismo sobre cómo podrías estar saboteando tus manifestaciones sin darte cuenta. Tuve muchas charlas con El Diablo cuando estaba intentando manifestar una relación sana y alineada. Me veía una y otra vez enredada con personas emocionalmente inaccesibles y me sentía víctima de ello. Me pasaba la vida intentando convencer a alguien de que me quisiera, y en el proceso me olvidaba por completo de mí misma y de mis pasiones tratando de ganarme su cariño. Trabajando con El Diablo —que, por supuesto, no dejaba de aparecer en mis tiradas—, empecé a ver que aquellos amantes distantes eran solo un reflejo de mi propio comportamiento dañino.

La buena noticia es que, cuando identificas tu patrón de autosabotaje, ya no puedes hacer como si no lo hubieras visto. Y, a partir de ahí, cambiar es mucho más fácil.

LA LUNA (XVIII)

La Luna refleja la luz del sol y saca a la superficie, iluminándolo, todo lo que estaba escondido en las sombras. Asociada a la energía intuitiva, rara vez lo hace de forma inesperada. En el fondo, siempre hemos sabido lo que hay. Esta carta nos conecta con nuestra naturaleza salvaje, instintiva e indomable: esa parte de nosotros que la sociedad y la familia han tratado de silenciar. Pero es seguro dejarla salir. Está directamente conectada con tu yo auténtico.

Cuando La Luna ha iluminado tu lectura, te está pidiendo que enciendas tu linterna interior, alumbres la oscuridad y confíes en tu instinto en situaciones que te dejan un mal sabor de boca. Tal vez no te guste lo que ves, pero mereces ser honesto. La verdad te hará libre y La Luna te guiará por el vacío cuando llegue el momento de dejar algo atrás, aunque aún no sepas adónde vas. Si estás en sintonía con tu instinto más básico, encontrarás el camino más alineado.

EL ERMITAÑO (IX)

El Ermitaño es una carta que muchas personas miran con recelo por lo que implica de soledad. Como seres sociales, no solemos acoger con gusto la idea de estar solos durante largos periodos. Es una carta que suele incomodar, especialmente en lecturas sobre el amor o las relaciones.

Pero siempre digo a mis clientes que presten atención a la numerología del tarot. Los números tienen un papel importantísimo en los niveles más profundos del tarot, especialmente del 1 al 10, y ayudan a conectar los Arcanos Menores con los Mayores. (En el Apéndice A encontrarás más sobre este tipo de correspondencias).

Por ejemplo, El Ermitaño es el número 9, lo que indica que estás cerca del final de un ciclo. Así que, si te quedas atascado en la idea de desamparo de El Ermitaño (algo que se refleja también en todos los nueves de los Arcanos Menores), recuerda que no durará para siempre. La verdadera medicina de El Ermitaño está en reconectar con tu sabiduría interior y ofrecerte esta etapa sin pareja para tener el espacio que necesitas para averiguar qué es lo que realmente deseas en tus relaciones.

Cuando El Ermitaño aparece, te invita a cambiar de perspectiva: ya no se trata de «¿Soy suficiente para esa persona?», sino de «¿Esa persona es adecuada para mí?». Empieza a hacerte preguntas empoderadoras como «¿Esta relación/trabajo/situación está alineado con mi mayor bien?», o «¿Me siento seguro, sostenido y en expansión en esta situación?». Esta carta quiere que mires hacia dentro, que reconozcas todo lo que has aprendido sobre ti mismo y sobre la vida, y que te asegures de no estar aceptando menos de lo que mereces. Recuerda: los periodos de soledad son temporales. Son un regalo, una oportunidad para priorizar tus propios intereses, metas y visión personal antes de alinearte con tu manifestación.

LA TORRE (XVI)

La Torre

Visualmente, La Torre es una de las cartas más temidas en una lectura de tarot. Tradicionalmente, representa un rayo que parte un edificio en dos mientras unas personas caen desde lo alto hacia una aparente muerte segura. No es precisamente la imagen que esperas ver cuando estás echando las cartas. Sin embargo, todos hemos vivido momentos devastadores: te dejan, te despiden, no te dan ese puesto para el que eras perfecto, te traicionan… Todos esos son momentos propios de La Torre. Y la vida está llena de ellos. La clave para gestionarlos bien está en entender cómo se relacionan con la manifestación. Desde la distancia, es fácil ver cómo la sacudida que te desmontó la vida fue justo el detonante que necesitabas para cambiar de rumbo, aunque en el momento doliera horrores.

Cuando La Torre aparece en tu tirada, te está pidiendo que conectes con uno de esos momentos: cuando sentiste que todo se venía abajo. ¿Recuerdas lo resiliente que fuiste? ¿La velocidad con la que reaccionaste? ¿Puedes ver que aquello, en realidad, fue el Universo echándote una mano para salir de una situación que ya no ayudaba a tu crecimiento? Lo que estás viviendo puede parecer devastador, pero La Torre quiere que sepas que forma parte del camino. Te está acercando a tu manifestación, no alejándote de ella.

LA MUERTE (XIII)

La Muerte es una carta de transformación. Nos recuerda que todo tiene un ciclo de vida. Las flores solo florecen una temporada, pero eso no significa que el resto de su crecimiento no sea igual de valioso. Y lo mismo pasa contigo. Cuando La Muerte aparece en tu tirada de tarot, puede despertar una mezcla agridulce de sensaciones, porque te anima a soltar una parte de ti o de tu vida para que algo nuevo pueda nacer. Cuando estamos manifestando, nos concentramos tanto en esa nueva vida que queremos crear que olvidamos el necesario proceso de duelo por lo que dejamos atrás. La Muerte nos recuerda que está bien sentir entusiasmo por las semillas que estamos sembrando a la vez que tristeza por lo que necesariamente se cierra.

Cuando esta carta aparece en una lectura, pregúntate: «¿Quién sería si pudiera soltar esta historia o situación?». Es una pregunta que yo misma me hago con frecuencia y que también propongo a mis clientes cuando estamos trabajando con sus narrativas y con su realidad actual en el camino hacia la manifestación de nuestros deseos. Tomarte un tiempo para reconocer el miedo al éxito es tan importante como enfrentar el miedo al fracaso. Por mucho que quieras conseguir todo lo que has anotado en tu lista de manifestaciones, es normal que a tu sistema nervioso le asuste la idea de cómo gestionar todo lo que vas a recibir.

Soltar nuestras historias requiere constancia y paciencia. Nos apegamos a ellas, las convertimos en parte de nuestra identidad. Pero la verdad es que nada de tu pasado tiene por qué definirte: eso depende de ti. La neuroplasticidad nos demuestra que el cerebro puede reconfigurarse. Y por eso el trabajo de sombras es tan esencial para que funcione el ritual de escribir cartas de amor al Universo. Tus palabras son tu varita mágica. La forma en la que hablas de ti mismo transforma literalmente tu realidad. No tiene por qué ser complicado. En el capítulo 5 profundizaremos en las afirmaciones y el trabajo de sombras.

CARTAS PARA MANIFESTAR:

Tirada de tarot para trabajar la sombra

Esta tirada de tarot está enfocada en las historias que te has contado sobre un aspecto concreto: miedo a ser visto, comparación, celos, rabia, autodesprecio… Elige el que quieras trabajar antes de empezar.

Busca un lugar tranquilo y conecta con tu energía respirando profundamente unas cuantas veces. Ten a mano tu baraja, tu diario y un bolígrafo. Fija la intención de trabajar con ese aspecto concreto de tu sombra mientras mezclas las cartas. Indica a tu baraja si vas a trabajar con cartas invertidas o solo del derecho.

Puedes usar esta tirada para cada aspecto que vayas explorando. Saca una carta para cada uno de los siguientes puntos. Te recomiendo dejarlas boca abajo hasta haberlas sacado todas. Cuando las tengas, dales la vuelta una a una y pasa un rato con cada carta, anotando los mensajes intuitivos que te lleguen. Después observa toda la tirada en conjunto.

- Carta 1: Una carta que represente el aspecto de la sombra con el que estoy trabajando ahora.
- Carta 2: La historia que me he contado sobre ese aspecto.
- Carta 3: Lo que más me asusta de él.
- Carta 4: Lo que me dice mi intuición sobre esta historia.
- Carta 5: Quién sería si pudiera soltar esta historia.

CLAVES DE INTERPRETACIÓN:

En general, el tarot puede ser bastante ambiguo, por eso te animo a abordarlo desde la intuición más que desde una definición de manual. Confía en tus primeras impresiones. Si ves una carta que no te gusta y notas una reacción intensa, siéntela. Forma parte del mensaje, especialmente cuando estás explorando tu sombra y tus miedos.

Fíjate en las imágenes, los colores, el lenguaje corporal de los personajes. ¿Qué te evocan? ¿Recuerdas alguna historia o memoria concreta al ver una carta? ¿Cómo puede relacionarse con lo que estás manifestando?

Una vez que tengas todas las cartas descubiertas, obsérvalas juntas. ¿Las imágenes y los colores te están contando algo? ¿Qué te intenta decir tu intuición sobre esta historia?

Fíjate también en la dirección que está tomando la acción dentro de las cartas. ¿Apunta hacia otra carta? ¿Hacia el pasado o hacia el futuro? ¿Podría eso estar dándote una pista sobre cómo dejar atrás esa historia?

El proceso en acción

Cuando termines los ejercicios de este capítulo, date un respiro. Has hecho un trabajo muy poderoso. Tómate un té o un café, sal a pasear y reconoce todo lo que has logrado. Yo sí que estoy orgullosa de ti.

El trabajo de sombras requiere tiempo para integrar lo aprendido y permitir que tu sistema nervioso se estabilice. Te prometo que no vas a perder impulso si paras uno o dos días antes de pasar al siguiente capítulo. Descansar también forma parte del proceso de manifestación.

Capítulo 4

MANIFIESTA CON EL PODER INTENCIONAL DE LA MAGIA DEL DESAPEGO

«La pregunta sobre lo que quieres poseer es, en realidad, la pregunta sobre cómo quieres vivir tu vida».

Marie Kondo

COMO ANTIGUA ADICTA al apego y a las compras, puedo hablar con conocimiento de causa sobre los beneficios de lo que cariñosamente llamo la «magia del desapego». Durante años, me proporcionaba un placer inmenso ir de compras, rebuscar entre tiendas de segunda mano y llevarme todo lo que pudiera por menos de cien dólares. Era un pequeño juego conmigo misma, uno en el que solía perder, arruinando por completo el presupuesto que me había prometido respetar. Pasaba la mayor parte de mi tiempo libre recorriendo todos los centros comerciales, mercadillos, tiendas de antigüedades y *outlets* de la zona, y nunca volvía a casa con las manos vacías. No podía dormirme por la noche sin antes recorrer páginas de tiendas *online* y llenar carritos virtuales. Durante años me sentí como una yonqui buscando el siguiente chute para poder regularme emocionalmente. Los objetos que me parecían tesoros absolutos cuando los encontraba acababan en casa sin abrir, o colgados en el armario con la etiqueta puesta durante meses.

No había días suficientes en todo un año para ponerme la ropa y los zapatos que no podía dejar de comprar. Llegué a convertir la mitad de mi dormitorio en un vestidor para albergar mi colección de prendas y accesorios, ocultándola tras unas cortinas opacas para que mi marido de entonces no tuviera que ver aquel vergonzoso desastre. El cuarto de invitados que usaba como estudio de arte se transformó rápidamente en un santuario de los cachivaches *vintage* que rescataba cada fin de semana de los estantes polvorientos de las tiendas de antigüedades del sur de Florida. Me sentaba en mi estudio y admiraba mis baratijas, ignorando las bolsas sin abrir que tenía por el suelo y las que se amontonaban sobre los pinceles olvidados de mi mesa de arte, con una sensación de vacío en el estómago. Nada era suficiente. Intentaba justificarme: «Quizá si consiguiera una taza de jade más sería feliz, o tal vez una paleta de sombras de ojos con purpurina de Urban Decay para sentirme satisfecha». Pero cuanto más alimentaba al monstruo, peor se encontraba mi salud mental.

No fue hasta que, de forma inesperada, acabé con mi primer matrimonio durante una tranquila cena en casa, una cálida noche de julio, cuando por fin empecé a ver con claridad lo que estaba ocurriendo. Compraba compulsivamente y acumulaba cosas para llenar un vacío que solo podía sanarse eliminando todo aquello que me distraía de tomar decisiones difíciles y aterradoras sobre cómo retomar el control de mi vida. Acumular trastos era una forma de evitar pasar a la acción.

Una vez que tomé la decisión consciente de terminar aquella relación, supe que deshacerme de todos los objetos materiales que me asfixiaban era el siguiente paso imprescindible. Pasé las semanas siguientes vendiendo mis piezas *vintage*, incluidos los preciados muebles de mediados de siglo que había tardado años en reunir. Llevé múltiples cargas en el coche a tiendas benéficas y el resto lo dejé en la acera. Nunca me había sentido tan libre, a pesar de no tener ni idea de cuál sería mi próximo paso; mi intuición y mi cuerpo se encargaban de que no tirara la toalla. En el fondo sabía que estaba haciendo sitio para una vida completamente nueva.

Si sientes que necesitas una purga como la que yo viví, te recomiendo encarecidamente que explores el trabajo de la célebre organizadora japonesa Marie Kondo, que explica su método KonMari en su exitoso libro *La magia del orden*. Su enfoque para desprenderte de tus pertenencias con gratitud y empezar a elegir con conciencia los objetos físicos que habitan tu espacio —identificando las emociones que despiertan— es pura magia de manifestación. Si la sola idea de deshacerte de tus cosas te resulta dolorosa, su método puede ofrecerte un apoyo extra en los momentos de soltar.

Desapégate para crear espacio energético y físico para tus manifestaciones

Puede que tu relación con tus pertenencias no sea tan intensa como la mía, pero estoy segura de que hay al menos un cajón desastre en tu casa que contiene una energía rarísima que está deseando ser liberada. Todo contiene energía; por eso nos sentimos tan bien después de una ducha: el agua fresca que recorre el cuerpo es la forma más sencilla de limpiar tu aura y reajustar tu vibración. Los objetos de tu casa, tu coche, tu lugar de trabajo o cualquier espacio que frecuentes también retienen energía. Cuando descuidas alguna zona de tu vida —ya sean cajones, armarios, maleteros o ha-

bitaciones enteras— esa energía se estanca y se vuelve pesa-
da. Limpiar esas zonas de tu vida es una de las claves de tu
magia de manifestación. Lo sé, suena aburrido y demasiado
simple, y desde luego menos divertido que encender una vela
con aceites rituales o lanzar un hechizo de amor. Pero, aunque todas esas herramientas tienen su poder, la magia más
potente surge cuando creas un recipiente que el Universo
pueda llenar. La forma más directa de generar espacio para
que tus manifestaciones lleguen al plano físico es empezar
por los lugares donde mayor tiempo pasas, ya que están im-
pregnados de tu energía.

Según la Ley de Correspondencia, una de las doce leyes
universales (de las que hablaremos más en el capítulo 11),
nuestra realidad exterior es un reflejo de nuestro mundo interior: «Como es arriba, es abajo». Por eso el trabajo de sombras es una de las prácticas más transformadoras que puedes
hacer dentro del proceso de manifestación, aunque a veces
resulte emocionalmente agotador: en esencia, estás llevando
a cabo una limpieza profunda de tu subconsciente, quitando
telarañas internas. ¡No es poca cosa!

¿Sabías que también funciona a la inversa? «Como es
afuera, es adentro». Limpiar tu espacio físico tiene un impacto directo sobre tu mentalidad y tu capacidad de manifestar.

La magia se alimenta del movimiento, y a veces cuesta
arrancar. En el *feng shui*, el antiguo arte chino de armonizar
los espacios, retirar 27 objetos de tu entorno activa el qi (la
energía vital) y lo pone en circulación positiva. Esa es la magia
del desapego en acción: una forma sencilla, sin grandes compromisos, de vencer la inercia y dar comienzo al proceso.

Poner orden adquiere una dimensión espiritual cuando
sumas el poder de tu intención. Antes de empezar, piensa en
lo que deseas manifestar: ¿tiene que ver con el dinero? ¿Estás
llamando a una nueva relación? ¿Quieres reforzar tu autoes-

tima? ¿Buscas amistades afines o una comunidad que resuene contigo? Visualiza tu deseo y permite que tu intuición te muestre por dónde empezar en tu espacio físico.

Mis 5 actividades favoritas para manifestar usando el poder intencional de la magia del desapego

1. Cuando estés manifestando dinero, empieza por tu bolso o cartera. Retira todos los recibos antiguos, las monedas sueltas, las tarjetas de visita y las de fidelidad de sitios a los que no vas desde hace meses —seamos realistas, probablemente no vuelvas, así que ¿para qué guardarlas?—. Y, antes de que digas «por si acaso», te recuerdo que están ocupando un espacio valioso y que son una pequeña parte de un bloqueo mayor que impide que lo que manifiestas llegue a tu vida. Quédate solo con las tarjetas que usas de verdad. Punto extra si llevas siempre algo de efectivo para poder compartirlo con alguien que pueda sacar provecho de tu generosidad. Dar siempre abre la puerta a recibir.

2. Si estás manifestando una relación romántica, visualiza a esa persona compartiendo tu espacio contigo. Piensa en la renovación del cuarto de Celeste: ¿tu habitación solo tiene una mesilla de noche? ¡Añade una para tu futuro amor! Deja libre el otro lado de la cama, limpio y listo para que alguien a quien quieras pueda dejar ahí su reloj o sus gafas al final de un maravilloso día juntos. Si hay un cajón, déjalo vacío para esa persona —o guarda ahí tu carta de amor—. Al Universo le encanta disponer de un espacio abierto donde crear: demuéstrale que estás listo para invitar a alguien a entrar.

3. Ordena tu armario. Un armario es mucho más que el lugar donde guardamos la ropa, es un espacio profundamente personal porque nuestro vestuario refleja nuestro nivel de autoestima y nuestros valores. Muchas personas desarrollan un fuerte apego emocional hacia su ropa, y esa carga sentimental se convierte en un caldo de cultivo para que la energía estancada se aferre a prendas que nos recuerdan tiempos más felices.

Cuando ayudé a mi amiga Lexie en este proceso, antes de decir adiós a sus prendas más queridas, hizo fotos de aquellas que más le gustaban, al más puro estilo KonMari. Tener una foto ocupaba mucho menos espacio que seguir guardando la prenda. Seguro que todos los que leéis esto tenéis unos vaqueros o un vestido que llevasteis en una ocasión especial o en una etapa desenfadada de vuestra juventud. Cuesta desprenderse de esas cosas: sentimos que es como admitir que ya no volveremos a ser esa persona. Y no lo seremos. Pero eso no significa que lo mejor ya haya pasado. Si estás haciendo este trabajo, te prometo que hay momentos maravillosos en tu futuro, pero no podrás disfrutar de ellos si sigues aferrándote al pasado. Así que, por favor, recuerda el famoso consejo de Marie Kondo y pregúntate: «¿Esto me hace feliz?». Si la respuesta es sí, consérvalo. Si no, despídete de ello. Si no te alegra el corazón en este momento presente, déjalo ir.

Cuando estás manifestando algo nuevo —una pareja, un trabajo, cualquier cambio importante—, liberar espacio en tu armario le indica al Universo que estás listo para recibir. Durante mis años en Nueva York, tuve un compañero de piso fantástico que se llamaba Chris. Yo estaba subarrendando una habitación en su apartamento y, justo después de que decidiéramos renovar el contrato y seguir viviendo juntos un año más, me dijo de repente que se iba a mudar con su novia. Yo había visto cómo había manifestado a esa artista increíble delante de mis narices y cómo se transformó gracias a esa relación, así que por supuesto me alegré mucho por ellos. Pero también me entró el pánico al pensar que tenía que encontrar un nuevo compañero de piso en tan poco tiempo.

Después de una semana quejándome y dándole vueltas a todo, sentí que mi intuición me empujaba a echar mano de mi magia, en vez de pasarme el día en aplicaciones buscando compañeros de piso. Me vino la idea de sacar cinco prendas del armario. (¡Puede parecer una tontería, pero aquellos armarios eran minúsculos!). Ver las perchas vacías me dio la sensación de estar abriendo un portal de posibilidades. Fue entonces cuando sentí un impulso aún mayor: vaciar por completo un cajón de la cómoda. Al reordenar mis pantalones y camisetas en uno solo, supe que en el fondo me estaba preparando para reducir aún más.

Unas semanas después, me mudé a un pequeño cuarto en un sótano con mi exnovio. Aunque no era una situación ideal, me alegré de haber seguido mi instinto y reducido la cantidad de ropa, porque no había armario y tuve que guardarla en cajas de plástico durante los seis meses siguientes. Quizá te preguntes por qué incluyo como manifestación una situación que no parece ideal. Es importante entender que manifestar una situación, una relación o un trabajo no significa que ese sea el destino final. Son peldaños en un camino que nunca termina. Son partes necesarias de tu historia, incómodas por una buena razón: el Universo quiere que sigas adelante en vez de quedarte estancado en tu zona de confort. Abraham-Hicks llama a esta fase del proceso de manifestación el *contraste*: definir lo que *no* quieres para poder encontrar claridad sobre lo que *sí*. Y créeme: pasé esos meses trabajando en reprogramar mi subconsciente con el trabajo de sombras para poder prepararme de cara a un capítulo mucho más expansivo.

4. Haz limpieza en tu cajón de ropa interior. Piensa en tus órganos reproductores como un cuenco sagrado de creatividad. Tu sexualidad está directamente conectada con tu energía de manifestación: cuanto más sexi te sientes, más excitante y magnético eres para atraer nuevas posibilidades. Mira tu ropa interior: ¿transmite la energía de un as de la manifestación? ¿Tus calcetines tienen agujeros? ¿Hace cuánto que no revisas lo que guardas? Tira todo lo que esté viejo o hecho polvo —¡aquí nadie te va a juzgar!—. Si te horrorizaría que alguien te encontrara muerto con eso puesto, ya sabes lo que toca. Quédate solo con lo que te resulte cómodo, favorecedor y te haga sentir seguro. Y por favor: deja de reservar el capricho que te compraste para ocasiones especiales. Cada día que estás vivo es una celebración. ¡Póntelo!

5. Para manifestar buena salud y autoestima, pon orden en tu cocina. Me encanta ver programas de organización del hogar: me inspiran esas despensas llenas de tarros a juego y etiquetas alineadas. Eso me animó a renovar mi nevera, mi despensa y mis armarios con la intención de convertirme en una versión más saludable y organizada de mí misma. Hay algo muy satisfactorio en sacar todo de un armario, limpiarlo a fondo y volver a guardar solo lo esencial. Me sorprendió ver la cantidad de comida que no iba a usar, pero que aún no había caducado. Por suerte, en mi barrio hay una nevera comunitaria donde donar alimentos no perecederos. Te animo a hacer lo mismo: dona los productos que no has usado a tu banco de alimentos más cercano o a una nevera vecinal.

Me encanta trabajar con la magia del orden porque se basa puramente en la acción, y eso supone un respiro frente al trabajo interno tan profundo que implica el trabajo de sombras. Ten tu diario siempre cerca durante todo el proceso para anotar cómo te sientes y ayudar a tu sistema nervioso a prepararse para una limpieza profunda. Puede ser difícil desprenderse de cosas materiales, así que si necesitas un poco de guía cósmica para esta práctica de magia del desapego, inspírate en los arquetipos del tarot que vienen a continuación.

Arquetipos del tarot para la magia del desapego

EL CARRO (VII)

El Carro es la carta de los Arcanos Mayores relacionada con la motivación y el impulso: ¡la energía perfecta para actuar con propósito! Astrológicamente, esta carta corresponde al signo de agua Cáncer, representado por el cangrejo, cuya dura coraza protege su blando interior de los depredadores. El Carro funciona mejor cuando se siente seguro para avanzar y dispone de una estrategia o un plan que lo ayude a mantener el rumbo.

Trabaja con la energía de El Carro cuando sientas dudas o cuando tu niño interior tenga dificultades para desprenderse de ciertos objetos por apego sentimental. Es perfectamente natural aferrarse al pasado cuando el futuro resulta incierto. Pero no olvides que esa sensación de incertidumbre

es justamente el misterio que el Universo necesita para ayudarte a cocrear la mejor versión de tu vida.

AS DE BASTOS

As de Bastos

El As de Bastos es tu varita mágica.
¡Abracadabra, cariño! Este as de fuego
llega para motivarte y ponerte en
marcha. De hecho, puedes invocar a
cualquiera de los ases cuando te falte
energía o no sepas por dónde empezar. A mí me encanta el As de Bastos
para despertar esa chispa, es ideal para
inyectar una buena dosis de pasión
cuando estoy procrastinando o evitando tareas que sé que tengo que hacer.
Cuando este as aparece en tu tirada, es momento de canalizar
tu energía y crear magnetismo para atraer tus manifestaciones
a la vez que despejas espacio para que puedan materializarse.
La magia del desapego consiste precisamente en soltar lo que
ya no necesitas para liberar tus manos y lo que mereces.

TEMPLANZA (XIV)

La Templanza es un concepto antiguo con raíces religiosas, una virtud cardinal que habla de moderar la conducta para encontrar el equilibrio. Comer sano, limpiar la bañera, abstenerse de drogas y alcohol, etc. Básicamente, podría verse como la policía de la diversión. Astrológicamente, la Templanza está asociada con el signo de fuego Sagitario, regido por Júpiter, una energía expansiva que necesita buscar el equilibrio para no quemarse en los extremos. En relación con la magia del desapego, la figura angelical de esta carta tradicionalmente mezcla fuego y agua, alquimizando ambos elementos en algo mágico. Y eso es justo lo que haces tú cuando te entregas a las tareas mundanas de mantener tu hogar, tu cuerpo y tu mente libres de la energía densa que impide que tus manifestaciones lleguen.

La Templanza no es una carta de acción rápida; cocrear con el Universo requiere tiempo y paciencia. Pero sé que, cuando sueltas el control y permites que tus deseos lleguen a su debido tiempo divino, en lugar de seguir el calendario de tu ego, recibirás algo mucho mejor de lo que imaginabas. Cuando esta carta aparece en tus lecturas, estás recibiendo ayuda espiritual para crear mejores hábitos, tanto en tu entorno como en tu cuerpo físico.

PASEOS CON TEMPLANZA

Cada primero de enero saco una carta para representar la energía general del año entrante. La Templanza fue mi carta el año en que empecé a manifestar el deseo de quedarme embarazada de mi hija. Al saber lo lenta que puede ser esta carta, reconozco que me sentí un poco decepcionada al descubrir que esa sería mi energía para todo el año. Mi pareja y yo estábamos a punto de casarnos y teníamos grandes planes: mudarnos y disfrutar a tope de nuestra nueva vida juntos. Ver aparecer a la Templanza me pareció justo lo contrario a vivir algo bello. Aun así decidí sacar lo mejor de la experiencia y seguir el primer impulso intuitivo, que me llevó a salir a caminar varios kilómetros al día. Sentía que era importante ponerme en forma mientras aprovechaba esos paseos como una meditación en movimiento para procesar mis emociones en torno a volver a casarme y empezar un nuevo capítulo de mi vida.

Durante mis caminatas, reflexionaba sobre la Templanza y le pedía al Universo que me ayudara a expandir mi sistema nervioso para poder recibir todo lo que estuviera por venir. Empecé a encontrar objetos como calcetines diminutos, un zapato infantil o un chupete tirado en la acera, y recibía señales para desintoxicar mi cuerpo de los productos químicos que consumía. Llevaba años luchando con trastornos alimentarios y usaba pastillas para adelgazar como forma de sentir que tenía el control. Sabía que había llegado el momento de dejar todo eso atrás. Y, cuando dejé de tomar esas pastillas, las señales se multiplicaron. Me preguntaba: «¿Qué bebé pierde zapatos y calcetines todos los días?». Luego empecé a ver vasos de plástico con boquilla. Y un día, al doblar una esquina, me topé con una muselina de bebé colgada de una valla, ondeando al viento. ¿En serio? Como persona que está en sintonía con los mensajes sutiles del espíritu, llegados a este punto, la forma en la que el Universo se estaba comunicando conmigo me parecía de lo más cómica.

Cada día, mientras caminaba, mantenía conversaciones en silencio con la Templanza e imaginaba mi vida con mi futura criatura. Sabía que tendría que sacrificar mi preciado y relajado ritual matutino por las tomas y los cambios de pañal a primera hora. Como emprendedora espiritual (o, como me gusta decir, bruja autónoma), tenía el privilegio de empezar el día a mi ritmo y con intención. ¿Estaba preparada para renunciar a mis preciadas mañanas? Había dejado atrás la dependencia química y aceptado que no necesitaba controlar el número de la báscula para poder preparar mi cuerpo para una expansión literal. Cuando le dije al Universo que estaba dispuesta a soltar mis adoradas horas matutinas que dedicaba a escribir mi diario, mis cartas y a meditar, no pasó ni un mes antes de que encontrara un ejemplar de *Qué esperar cuando estás esperando* en una de esas pequeñas bibliotecas comunitarias de mi ruta habitual. A la mañana siguiente, un test de embarazo confirmó que, a mis cuarenta años, estaba esperando mi propio pequeño milagro.

El proceso en acción: la despedida es una dulce pena

Soltar, dejar ir, desprenderse y despojarse son procesos que nuestro sistema nervioso percibe como pérdidas, y por eso cuesta tanto deshacernos de nuestras cosas: del peso de más, de los objetos a los que estamos apegados, de relaciones, de hábitos y de creencias sobre nosotros mismos y sobre lo que es posible. Todo eso ya lo conocemos, y lo conocido siempre parece más seguro que lo desconocido. (Un ejemplo divertido de esto es la reina Elsa de Disney: en *Frozen* canta a la libertad con «¡Suéltalo!», pero en *Frozen 2* le entra el miedo al escuchar la llamada de la aventura en «Mucho más allá»). Sentirse seguro para confiar en uno mismo y seguir la propia intuición es esencial cuando estás manifestando. Por supuesto, Elsa no puede ignorar ese deseo interior que la empuja a recorrer un nuevo camino… y tú tampoco deberías. Confía en que, una vez que inicies este proceso, contarás con las herramientas y los arquetipos del tarot necesarios para cultivar la seguridad interna y soltar todo aquello que está ocupando demasiado espacio en tu vida, y así poder recibir tus manifestaciones.

Durante los próximos cinco días, céntrate en una de las actividades de magia del desapego que hemos visto. Tienes que crear espacio en tu vida para que tus deseos lleguen.

El siguiente paso será prepararte para recibirlos cuando aparezcan. En el próximo capítulo, nos enfocaremos en expandir tu sistema nervioso a través del poder de tu palabra hablada. Por ahora, ¡feliz limpieza!

Capítulo 5

¡CUANTO MEJOR, MEJOR!

«El Universo está lleno de cosas mágicas que esperan
pacientemente a que nuestra inteligencia se agudice».

Eden Phillpotts

UNA DE LAS RAZONES por las que me encanta identificarme como bruja es lo inclusiva que resulta esta palabra; cualquiera puede participar. La magia no te exige que te identifiques como algo en concreto. No le importa tu orientación sexual, tu raza ni tu nivel de ingresos. La magia es gratuita y hay espacio para todo el mundo. Aun así, existen ciertas normas y límites en la práctica mágica, por lo que es importante educarse sobre qué rituales forman parte de prácticas cerradas o pueden suponer una apropiación cultural, como trabajar con salvia blanca, referirse a la limpieza con humo como *smudging* o llamar a algo tu «animal espiritual». En resumen: si no perteneces a una cultura o comunidad que reclame una práctica concreta, muéstrale respeto y recurre mejor a tu propia historia personal para crear tu magia. Sí, hay distintos tipos de brujas: paganas, wiccanas, incluso brujas novatas, pero no hace falta identificarse con ninguna de ellas para hacer uso del término. No hay una única forma de relacionarse con la magia porque es algo totalmente personal. Tu relación con tu magia es solo tuya.

Ser bruja significa conocerte a ti mismo para acceder a tu poder personal. Lo mismo ocurre con la manifestación. Tras años estudiando hechicería, he aprendido que ambas cosas son, en realidad, lo mismo. Llames a esto «magia» o «manifestación», en ambos casos estás pidiendo al Universo algo que deseas y estás invocando asistencia divina para conseguirlo. La verdadera magia nace de dentro y tu mundo exterior se adapta para alinearse contigo cuando tu poder interno brilla.

El Universo reconoce tu vibración energética única y se reajusta cuando te sintonizas de forma consciente con tu frecuencia auténtica. Cuando alcanzas claridad sobre lo que deseas de verdad y haces el trabajo de sombras necesario para identificar y eliminar las creencias subconscientes que te bloquean, ayudas al Universo a encontrarte, como si fueras un faro proyectando su luz en la oscuridad. Por supuesto, asegurarte de tener el muelle perfecto (es decir, la mentalidad adecuada) para que tu barco pueda atracar es precisamente lo que hacía tan importante el capítulo anterior. Ahora que estás cada vez más cerca de recibir lo que manifiestas, puedes empezar a reprogramar tu subconsciente para estar verdaderamente preparada cuando llegue ese momento. Y aquí es donde entran en juego las poderosas afirmaciones basadas en los aspectos específicos de tu sombra.

El poder de las afirmaciones para el cambio

Déjame contarte mi experiencia personal con las afirmaciones: una vez que descubrí la conexión entre mis años lanzando hechizos y el trabajo de manifestación, me marqué el objetivo de consumir cada día libros, pódcast y vídeos sobre la Ley de la Atracción para avanzar en mi trabajo de sombras y acelerar mi proceso de sanación. Una fría mañana en Nueva

York, me senté con mi diario y un café con avellana y leche de soja servido en mi taza favorita de Salem Witch City, y le pedí al Universo que me enviara el contenido que más necesitaba en ese momento acerca de la Ley de la Atracción. Luego abrí YouTube en el móvil.

Cuando terminó el vídeo que había elegido, se activó la reproducción automática y me encontré con el trabajo de afirmaciones de Louise Hay, fundadora de Hay House, mi editorial. Había algo en el sonido de su voz —una mezcla entre abuela dulce y mujer firme— que captó mi atención al instante. Tenía ese equilibrio justo entre amabilidad y rigor que se dirigía directamente a mi interior. Ya había oído hablar de las afirmaciones, incluso había intentado escribir las mías, pero me parecían ridículas y completamente falsas, así que había dejado de usarlas. Pero aquella fue la primera vez que el trabajo con afirmaciones resonó en mí de verdad.

Louise define las afirmaciones como declaraciones que afirman y crean tus experiencias vitales. Dice: «Es un punto de partida en el camino del cambio. En esencia, le estás diciendo a tu subconsciente: "Estoy asumiendo la responsabilidad. Soy consciente de que hay algo que puedo hacer para cambiar". Cuando hablo de hacer afirmaciones, me refiero a elegir conscientemente palabras que te ayuden a eliminar algo de tu vida o a crear algo nuevo».

Empecé a escuchar cada día sus audiolibros, dejándome inspirar por su historia: cómo superó el abuso, el odio hacia sí misma y la enfermedad, y logró sanar su mente y su cuerpo. No sabía que era posible sanar todos los aspectos de tu vida a través de tus propias palabras. La voz del miedo puede hacernos creer que ya es demasiado tarde para manifestar la vida de nuestros sueños, que, llegada cierta edad, ya hemos perdido la oportunidad de experimentar ciertas cosas. Pero Louise Hay empezó su imperio editorial con sesenta años. Me enseñó que nunca es tarde. ¡Cuanto mejor, mejor! No podía creerlo cuando manifesté un contrato editorial con Hay House y pude compartir estas prácticas de manifestación a través de la misma editorial que había fundado mi mentora. El Universo rebosa de magia.

Entusiasmada por poner a prueba mis habilidades con las afirmaciones, empecé a escribir las mías y a grabarlas como notas de voz en mi móvil para poder escucharlas. Comencé tomando una página en blanco de mi diario y, bajo el título «Afirmaciones», escribí las categorías de lo que quería manifestar. Las tres grandes áreas en las que estaba trabajando eran el amor, el dinero y la familia. Más que nada, quería manifestar un gran amor. Mi mayor deseo era estar en una relación erótica, consciente, amorosa, una conexión profunda con la que había soñado desde niña. Pero sabía que había otras relaciones que necesitaban ser reparadas antes de encontrar a mi persona.

Tras el divorcio, mi relación con mi familia se había resentido. Debido a sus propias heridas, se sintieron abandonados y victimas de la situación, lo que hizo que se pusieran del lado de mi exmarido. Aunque fue doloroso no contar con su apoyo durante mi despertar espiritual, mi Yo Superior entendía que no era algo personal. La vergüenza y la decepción que sentía por su parte eran una proyección de mi propio odio hacia mí misma y de mi culpa. Tenía la esperanza de que, a través del trabajo con afirmaciones, pudiera sanar la relación con mis padres y, también, perdonarme por haber sido la «villana» en la historia de todos.

Escribí afirmaciones como: «Mis padres me quieren y me respetan» y «Mi relación con mi familia está llena de amor y risas». Cada vez que pensaba en mis padres y sentía tristeza y distanciamiento, recurría a esas afirmaciones reparadoras y me concentraba en cómo *quería* sentirme. Me imaginaba riendo tanto con ellos que me saltaran las lágrimas. Visualizaba el rostro de mi padre, cuando se deja llevar por una carcajada y llena toda la habitación con su calidez. La risa tan característica y contagiosa de mi madre, que es casi imposible no acabar riéndose con ella. No podía creer que fuera capaz de transportarme a una sensación tan bonita con respecto a mi familia, como si los tuviera a mi lado, aunque estuviera sola en mi minúsculo piso de Nueva York. Cuando reservé mi siguiente viaje a la soleada Florida para verlos, reforcé esas afirmaciones, y me alegra poder decir que fue un viaje profundamente sanador. Me recibieron con los brazos abiertos y, sí, nos quedamos hasta tarde riendo juntos, tal como había deseado que sucediera.

Recupera tu sombra

Volver a las frases que utilizas en tu trabajo de sombras es la clave para crear tus propias afirmaciones. Echa un nuevo vistazo a tu diario. ¿Qué descubriste sobre ti durante el proceso? ¿Cuáles fueron los temas principales que surgieron? ¿Puedes identificar palabras o frases concretas que te resulten emocionalmente activadoras?

En mi caso, cada vez que sentía la necesidad de admitir que me costaba reprimir la envidia hacia esas amigas que tenían cosas que yo deseaba, se me cerraba la garganta. Observaba la rabia y el rechazo que me invadían y me preguntaba qué afirmaciones podrían curar la vibración baja que se me escapaba por dentro. ¿Cómo podía transformar mi diálogo interno para reconfigurar mis conexiones neuronales?

Un momento crucial fue cuando visité por primera vez el apartamento tan chic que tenía mi hermano en SoHo. De pie en su salón, viendo cómo su mobiliario parecía sacado de una revista en ese precioso edificio de preguerra, noté cómo surgía la envidia. Era una sensación densa que me nacía en el pecho y descendía hasta el estómago para luego propagarse como una ola que me recorría entera, diciéndome que yo jamás tendría un hogar tan bonito. Si alguna vez has ido a un parque acuático y te has adentrado en el fondo de una piscina de olas justo cuando empieza a agitarse, así es como se manifiesta mi sombra en forma de celos dentro de mi cuerpo.

Antes, dejaba que esas olas me arrastraran y me sumergieran en un vórtice de negatividad. Pero ese día fue diferente. Por primera vez me di cuenta de que tenía el control sobre mis emociones, y que dejarme arrastrar por la envidia era una elección. Creerme la mentira temerosa de que nunca tendría una casa propia también era una elección. Casi me eché a reír de lo simple que era esa revelación, mientras me repetía a mí misma que, por supuesto, tener un hogar bonito no solo era posible, sino *inevitable*. Y fue entonces cuando logré tomar distancia con mis emociones y alegrarme de verdad por mi hermano, disfrutando del recorrido por su casa sabiendo que era solo cuestión de tiempo que yo tuviera mi propia versión de un hogar.

Afirmaciones para transformar tu sombra

Recupera tu sombra transformando tu dolor en poder mientras creas tus propias afirmaciones para manifestar.

En tu diario, anota un aspecto de tu sombra y todas las palabras asociadas a ella que te resulten especialmente dolorosas o detonantes.

Una vez escritas, ¡vamos a convertir esas frases en afirmaciones poderosas! Asegúrate de que sean positivas (es decir, que afirmen lo que *sí* quieres en lugar de describir lo que *no* quieres) y que estén formuladas en presente (ya que tu fuente de poder está siempre en el momento actual).

Aquí tienes algunos ejemplos de afirmaciones sobre relaciones y dinero que me funcionaron muy bien, y que creé a partir de mis propias frases sombra. Ten en cuenta que preferí mantener mis afirmaciones en términos generales, en lugar de ser demasiado específica. Afirmar que estás manifestando a una persona concreta solo funciona si esa persona también está haciendo su trabajo para manifestarte a ti. Recuerda que el Universo trabaja mejor cuando le das un margen amplio. Cuanto más abierto dejes el contenedor de tus afirmaciones, ¡mejor!

Frases sombra sobre relaciones:
Nunca encontraré a mi gran amor. Estoy demasiado roto.
Me voy a quedar solo para siempre.
Todo el mundo tiene a su persona, menos yo. Estoy destinado a la soledad.
Ya se me ha pasado el arroz. Todas las buenas parejas están cogidas.

Afirmaciones empoderadas sobre relaciones:
Soy la pareja perfecta para mi pareja perfecta.
El amor que busco también me está buscando a mí.
Siempre es el momento perfecto para el amor.
Merezco y soy digno de un gran amor.

Frases sombra sobre el dinero:
Por mucho dinero que tenga, siempre me siento arruinado.
No puedo permitirme el estilo de vida que quiero. Eso es demasiado caro para mí.
El dinero cambia a la gente; el capitalismo es perverso y la riqueza, repugnante.
Si tuviera dinero, incomodaría a mi familia y a mis amigos, y me rechazarían.

Afirmaciones empoderadas sobre el dinero:
Gasto dinero con confianza; lo que gasto siempre vuelve multiplicado.
Puedo permitirme todo lo que deseo de verdad. Soy consciente y cuidadoso al asignar mis recursos.
Cuanto más dinero tengo, más puedo ayudar a los demás.
El dinero es una fuente de alegría y generosidad.
Mi familia y mis amigos me quieren, sin importar el saldo de mi cuenta.

La mejor afirmación de todas:
He conseguido exactamente lo que quería.

(Esta es la única afirmación formulada en pasado, y me sirve para cortar en seco la negatividad cuando aparece la duda o el miedo empieza a pisarme los talones. Al afirmar que he conseguido *exactamente lo que quería*, como si ya hubiese ocurrido y sin imponerle ningún límite al Universo, estoy reclamando que mi manifestación ya es un hecho y que he soltado el «cómo» y el «cuándo». Tengo fe plena en que el Universo me entregará mi deseo en el momento perfecto y del modo más adecuado. Es un gran recordatorio de que, por muchos obstáculos que aparezcan, al final las piezas siempre acaban encajando cuando confías en el Universo).

Modificar tu lenguaje con la ayuda de afirmaciones es cuestión de práctica. Comienza simplemente por cazar al vuelo a tu sombra cuando aparezca para decirte que lo que deseas no es para ti. Puede ayudarte mucho escribir tus nuevas afirmaciones en pósits o en material de papelería bonito y colocarlas por tu casa, en la cartera o en el coche. Estas mini notas de amor te recordarán que el trabajo que estás haciendo se acumula cada día que perseveras. Cuando empecé a usar afirmaciones para manifestar la relación de mis sueños, comencé con «Estoy en una relación amorosa y sólida». Pero no resonaba en mí del todo; ya había estado en relaciones sólidas donde había amor pero faltaban valores clave que yo deseaba profundamente. Así que seguí investigando y escribiendo hasta que di con «Soy la pareja perfecta para mi pareja perfecta». Esa fue la afirmación que me cambió el juego y es la que comparto con mis clientas ¡y ahora contigo! Para manifestar a la pareja que quería, tuve que convertirme en un imán energético para esa persona. Al revisar mis listas de manifestaciones y cartas de amor, vi que estaba pidiendo a alguien cariñoso y abierto al compromiso, pero también ambicioso, económicamente estable, paciente, espiritual y romántico. Alguien que valorara el presente y no estuviese enganchado al móvil las veinticuatro horas. Que tuviera el deseo de casarse, formar una familia y construir un hogar conmigo.

Era una lista ambiciosa que me obligó a mirarme bien al espejo para ver si yo ya vibraba en esa misma frecuencia. Al afirmar que, efectivamente, yo era la pareja perfecta para mi pareja perfecta, empecé a alinear mis hábitos con los valores que más importaban para mí.

La conexión entre el tarot y la reprogramación neuronal

Las afirmaciones tienen una base científica: reprograman tu mente subconsciente. Son otro ejemplo más de la Ley de Correspondencia en acción: «como es dentro, es fuera». Tu mente subconsciente nunca te llevará la contraria: lo que crees sobre ti será cierto en tu realidad externa. ¿No es hora ya de tomar el control de tu historia?

Aunque el tarot puede resultar complicado, también puede actuar como tu apoyo cósmico mientras usas afirmaciones para crear nuevos caminos neuronales dentro de tu práctica de manifestación. Hay varias cartas del tarot que sirven como apoyo ideal para tu trabajo con afirmaciones. Conecta con los siguientes arquetipos para meditar mientras escribes tus afirmaciones, o presta atención especial si aparecen en tus lecturas. Estas cartas están apareciendo para ofrecerte apoyo mientras transformas tu antiguo sistema de creencias y reescribes la historia épica que es tu vida.

Arquetipos del tarot para trabajar con afirmaciones

EL SOL (XIX)

El Sol

El Sol es una de las cartas más positivas de toda la baraja y una energía emocionante de contemplar. Pero también encierra una profundidad mayor que la simple alegría o el optimismo ciego. No es casualidad que venga después de La Luna, La Torre, La Muerte, El Diablo y El Colgado. El Sol representa la claridad, la gratitud y la renovación del pensamiento positivo que solo llega tras una noche oscura del alma. Esta carta aparece cuando necesitas recordar que eres capaz de superar grandes dificultades. Puedes sanar tu vida, reprogramar tu mente y reconfigurar tu cerebro. El Sol nos recuerda que el cambio es posible si estamos dispuestos a recibirlo.

REY DE ESPADAS
Y REINA DE ESPADAS

El tarot no tiene género, pese al lenguaje anticuado que aún se utiliza con figuras como Rey/Reina o Emperador/Emperatriz. Prefiero entender estos títulos como expresiones de la energía masculina (yang) y femenina (yin). Los reyes hablan de actuar en consonancia con el Yo Superior, mientras que las reinas nos recuerdan que la energía femenina es magnética y receptiva.

Rey de Espadas

Cuando se trata de afirmaciones, el palo de espadas (aire) está relacionado con los pensamientos que se tienen y las palabras que se dicen. Como las dos cartas finales del palo, la Reina y el Rey de Espadas representan la máxima expresión de agudeza mental. Invoca estos arquetipos cuando estés creando tus afirmaciones. Pregúntate si necesitas ocupar más espacio y convocar la energía del Rey, o si necesitas abrirte y recibir plenamente el peso de tus pro-

Reina de Espadas

pias palabras, como propone la Reina. Tal vez necesites ayuda para aceptar palabras de afirmación que vengan de otros. Tu intuición te lo indicará.

EL JUICIO (XX)

El Juicio es una carta de ascensión espiritual, de trascender errores del pasado y el juicio propio para convertirte en una versión renovada de ti mismo. La imagen tradicional muestra al ángel Gabriel soplando su trompeta mientras unas personas se levantan de sus ataúdes, a la espera de conocer su destino. ¿Serán admitidas en el Cielo? Dejando de lado las connotaciones religiosas, tú eres el único que puede tomar esa decisión. Tu versión del paraíso puede existir aquí mismo, en la Tierra, en esta vida. En lugar de delegar ese juicio a otros, puedes concederte la entrada a ese paraíso interior reconfigurando tus patrones mentales con la ayuda de tus afirmaciones.

SEIS DE ESPADAS

El Seis de Espadas es un recordatorio alentador de que estás dejando atrás un estado mental para dirigirte hacia otro. Esta carta suele mostrar a una o varias personas viajando en barco desde aguas turbulentas hacia otras más tranquilas y pacíficas. La presencia del agua en esta carta conecta tus emociones con los pensamientos que tienes y las palabras que te dices sobre ti mismo y tu situación. Cuando el Seis de Espadas aparece en una lectura, es señal de que debes seguir adelante: tus afirmaciones están comenzando a hacer efecto. Presta atención a las señales, por pequeñas que sean, que indiquen que tu realidad está cambiando.

CARTAS PARA MANIFESTAR:

Contempla el lado luminoso con El Sol

A la hora de prepararte para esta tirada de tarot, establece la intención de recibir mensajes claros y precisos de tu baraja sobre el tema de tus afirmaciones actuales. Esta tirada usará El Sol como carta ancla (una carta que eliges intencionadamente para sostener la energía general de la lectura) a fin de arrojar más luz sobre tu manifestación.

Busca la carta de El Sol y sepárala de la baraja, colocándola boca arriba frente a ti.

Elige una afirmación en la que quieras centrarte y mantenla presente en tu mente mientras respiras hondo unas cuantas veces y la sientes en tu cuerpo al comenzar a barajar las cartas.

Roba una para cada punto que propongo. Recuerda mantenerlas todas boca abajo hasta haber terminado de sacar las tres.

- Carta 1: Mi mentalidad actual con respecto a esta manifestación.
- Carta 2: Lo que El Sol ilumina sobre mi deseo.
- Carta 3: Un posible resultado de trabajar con esta afirmación al que puedo aspirar.

CLAVES DE INTERPRETACIÓN:

Observa la relación entre la Carta 1 y la Carta 2. ¿Observas algún contraste entre tu mentalidad actual respecto a la posibilidad de que tu manifestación se haga realidad y lo que El Sol trata de mostrarte? Cuando logres soltar tus creencias limitantes e integrar tu afirmación, ¿qué puede llegar a ser posible para ti?

La Carta 3 como posible resultado puede aparecer como un paso a seguir o algo que debas soltar.

Deja que tu intuición te guíe en el significado de las cartas prestando atención a los colores, a la acción que tiene lugar en cada una y a la dirección hacia la que miran las figuras (si las hay).

Siente curiosidad por la historia que se está desplegando en lugar de apresurarte a consultar el libro de significados. Tu intuición será siempre tu mejor brújula para interpretar tus lecturas de tarot.

Anota los mensajes que recibas en tu diario para poder consultarlos más adelante y ver cuánto has avanzado.

El proceso en acción

Ahora puedes ver lo importante que es el trabajo de sombras para sacar a la luz las historias que te cuentas a ti mismo y cómo esas historias son la clave para crear afirmaciones personalizadas capaces de producir grandes cambios en tu realidad. Busca pruebas de su eficacia a medida que avanzas en tu día a día. Fíjate en los pequeños cambios que van ocurriendo dentro y fuera de ti. Reconoce el trabajo que estás haciendo y date las gracias por participar en el proceso, aunque no lo hagas perfecto todo el tiempo. Puedes crear nuevas afirmaciones siempre que lo necesites y seguir trabajando con ellas cada día. Cuando empieces a notar que los cambios se consolidan, sabrás que es el momento de escribir unas nuevas.

Capítulo 6

UN CORAZÓN AGRADECIDO ES UN CALDO DE CULTIVO PARA LOS MILAGROS

«Lleva la gratitud como un manto
y alimentará cada rincón de tu vida».

RUMI

CULTIVAR UNA PRÁCTICA de gratitud va de la mano del trabajo con afirmaciones como una forma de reprogramación
neuronal. Es un paso esencial en tu práctica de manifestación
que puede transformar tu día al instante. Pasar de un mal estado de ánimo a uno mejor puede suceder tan rápido como
tú te lo permitas. Este no es un concepto nuevo ni revolucio-
nario. Entonces, ¿por qué a veces elegimos regodearnos en
nuestras emociones, ignorando la solución más fácil posible?

No me malinterpretes: no estoy abogando por el *bypass*
espiritual, esa tendencia de pasar por alto tu propio dolor, así
como el dolor y sufrimiento que existen en el mundo, cerrán-
dote emocionalmente en favor de «el amor y la luz» o el «solo
buenas vibras». A veces, hay que procesar las emociones, y la

única salida es enfrentándolas. Sin embargo, hay una línea muy fina entre experimentar emociones complejas y dejarse atrapar por ellas, asumiendo un papel de víctima.

En este capítulo, te voy a ofrecer varias formas de conectar con la gratitud en tu día a día. También te propondré técnicas para esos momentos en los que te encuentras arropado bajo una manta de tristeza o no consigues sacudirte esa melancolía matutina. Recuerda que este trabajo es un complemento, no un sustituto, del acompañamiento de un profesional de la salud mental.

La gratitud como puerta de entrada a tu práctica matutina milagrosa

Hubo un tiempo en que disfrutaba de varias horas deliciosas cada mañana en compañía de mis gatos y un silencio absoluto. Escribía, sacaba mis cartas de tarot, tomaba cantidades industriales de café y estudiaba astrología, diseño humano o cualquier otra cosa que despertara mi curiosidad. Pero no todo era idílico: no tenía un trabajo tradicional, mis ingresos eran irregulares y el alquiler, altísimo (cosas de vivir en Nueva York). Cada día me invadía la ansiedad al ver cómo menguaban mis ahorros, pese a todo el esfuerzo que estaba haciendo para que *Moon Void Tarot* llegara a tiendas locales, aumentar mis ventas en Etsy, publicar contenido de calidad en redes sociales y generar más tráfico en mi web. Me pasaba el día recorriendo la ciudad, dando talleres sobre intención, guiando rituales lunares y leyendo el tarot y la carta astral en distintas tiendas y eventos de bienestar corporativo. Estaba agotada. Siempre lograba pagar el alquiler, pero casi nunca sobraba nada.

Fue entonces cuando empecé a tener una relación más profunda con la gratitud, y todo comenzó con mi práctica matutina. Necesitaba esas horas tranquilas por la mañana para mantener viva la fe en que todo ese esfuerzo no era en vano.

No es ningún secreto que muchas personas exitosas de distintos ámbitos coinciden en que su rutina matutina es clave para su productividad. Haz una pausa y piensa en la tuya: ¿se parece a esto? Te despiertas y lo primero que haces es mirar el móvil, leyendo correos y haciendo *scroll* en redes desde la cama. Pierdes la noción del tiempo y acabas corriendo con todo, sintiéndote agotado y mal preparado para el día que empieza. Eso te genera resentimiento y poca paciencia cuando alguien te pide lo más mínimo. Tus interacciones y tu comunicación con las personas que quieres empiezan a resentirse. Y una vez que arranca la bola de nieve del mal día, es casi imposible detenerla.

Por el contrario, incluso si tu mañana empieza con buen pie y estás de buen humor, basta con que alguien te conteste mal, te estorbe mientras conduces o te vuelque su mal humor como un café hirviendo para que tu ánimo se resienta. No puedes controlar cómo se comportan los demás ni cómo se relacionan contigo, pero tampoco tienes por qué cargar con su mala energía... ni con la tuya. La buena noticia es que puedes reiniciar en cualquier momento con un poco de ayuda de la gratitud.

La clave para diseñar tu práctica matutina milagrosa, igual que con cualquier hechizo o manifestación, es la intención. ¿Qué tal si te despertaras cada mañana con ganas de crear un hechizo para tener el día más mágico y alineado posible? ¡Pues puedes hacerlo! Sé que no todo el mundo tiene la suerte de contar con tiempo por las mañanas; tenemos hijos, mascotas, parejas y mil cosas más que requieren nuestra atención. Pero, por favor, no lo uses como excusa. Tu práctica matutina no tiene que durar más de cinco minutos si es todo lo que consigues dedicarle. Puedes marcar tu intención del día mientras te cepillas los dientes, eliges la ropa o haces cola para dejar a los niños en el colegio. Puede ser algo tan sencillo como: «Hoy será un día lleno de alegría y paz» u «Hoy estoy abierto a los milagros». Mientras pongas intención en ello, siempre podrás tener una mañana milagrosa.

PRÁCTICA MATUTINA MILAGROSA DE CINCO MINUTOS

Esta práctica rápida pero eficaz puede hacerse en cualquier momento de la mañana. Empieza cerrando los ojos y respirando profundamente entre una y tres veces, permitiendo que la mente se despeje y se reinicie.

Luego abre los ojos y observa tres cosas a tu alrededor por las que estés agradecido. Pueden ser personas o mascotas a las que quieres, tu cama calentita a la que estás deseando volver al final del día, o tu taza favorita, esa que compraste en un viaje especial. Sea lo que sea, dedica unos instantes a notar el amor y el confort que te rodean siempre que fijas tu mirada en ellos. Utiliza estos tres símbolos de gratitud a lo largo del día, cuando necesites un impulso o en momentos difíciles.

Yo tengo una taza de café cubierta de lunas que compré en mi primer viaje a Asheville con mi marido, y la uso casi todas las mañanas. Solo pensar en ella me trae el recuerdo de lo especial que fue aquel tiempo juntos.

TU DIARIO SAGRADO DE GRATITUD

Considero que escribir es una parte sagrada de mi rutina diaria. Julia Cameron llama a la práctica de escribir a diario «páginas matutinas» en su icónico libro *El camino del artista*. Cameron invita a sus lectores a comprometerse a escribir al menos tres páginas cada mañana antes de empezar el día, como forma intencionada de conectar con su artista interior. Coincido completamente, de hecho, he adaptado esas páginas matutinas dedicando una parte de mi práctica a anotar las cosas por las que estoy agradecida cada día.

La mejor forma de enfrentarse a una página en blanco es tener un plan. Anotar lo que agradeces nada más comenzar el día es como estirar antes de un entrenamiento: en vez de preparar los músculos para el ejercicio, estás preparando la mente y el sistema nervioso para un día lleno de variables.

Te animo a empezar tu jornada anotando en tu diario una lista de diez cosas por las que te sientes agradecido. (¡Y si quieres añadir más, adelante!) Luego deja que tu práctica de escritura matutina te lleve por donde quiera.

Hechizo de café de un minuto

Mi rutina diaria del café se ha convertido en uno de mis hechizos favoritos de un minuto. Tanto si eres de café como de té, casi todo el mundo empieza el día con una bebida deliciosa para activarse. (No tiene por qué llevar cafeína: un vaso de agua con limón también sirve). Puedes darte un impulso extra si, al preparar y tomar tu bebida matutina, le añades una intención para el tipo de día que deseas tener.

Cuando preparo mi taza, la lleno de gratitud y buenas energías. Prueba a hacer este hechizo con la afirmación que creaste en el capítulo anterior, diciéndola en voz alta o en tu mente mientras echas los ingredientes de tu poción perfecta y los remueves para conjurar el hechizo de un día maravilloso.

Como parte de mi práctica matutina milagrosa, empiezo escribiendo en mi diario y luego sello mi intención con el hechizo del café. Ahora que soy madre de una niña pequeña, me encanta ponerla en el cochecito después y salir a dar un paseo de gratitud por la naturaleza.

EL ABECÉ DE LOS PASEOS DE GRATITUD

Mientras manifiestas la vida de tus sueños, esa nueva claridad sobre lo que quieres atraer también te muestra lo que todavía no tienes. Hay días en los que puede ser un auténtico bajón mirar tu situación y sentir el peso de lo que falta. Esa pesadez puede convertirse en una espiral de negatividad de la que parece imposible salir. Créeme, he quedado atrapada bajo esa densidad más veces de las que me gustaría admitir. Si alguna vez te has pasado horas tirado en el sofá leyendo malas noticias o viendo Netflix para anestesiarte, ya sabes que rendirse a la inercia en esos momentos solo alimenta al fantasma hambriento. Una vez alguien me dijo: «Mueve un músculo, cambia un pensamiento». El antídoto es el movimiento; incluso un pequeño estiramiento puede ser el catalizador que necesitas para salir del bajón, y la gratitud es lo que permite que se produzca la transformación.

El aire fresco, las plantas y el movimiento ya son sanadores por sí solos. Salir de casa te ayuda a salir de tu cabeza y volver al cuerpo. Cuando necesito una dosis de gratitud para deshacerme de un mal estado de ánimo, llevo a mi hija a dar un paseo por el barrio. Saludamos a cada pájaro, ardilla y perro simpático con el que nos cruzamos. Le voy diciendo en voz alta todo lo que agradezco mientras recorremos calles repletas de casas históricas y álamos. Antes me habría dado vergüenza ir soltando todo eso en voz alta, pero ahora agradezco haber dejado de preocuparme por lo que piense la gente, después de años viviendo en Nueva York, donde es normal llorar en el metro y mostrar tus emociones en público.

A veces no resulta fácil maravillarse con los pequeños milagros, y ahí es donde entra el abecé. Te animo a salir a caminar por donde te apetezca e ir encontrando cosas por las que sentir gratitud usando cada una de las veintisiete letras del alfabeto. A de álamo, B de buganvilla, C de cada calle agrietada por donde asoman los dientes de león. Puedes planteártelo como un juego espiritual de «Veo, veo».

Este ejercicio es una invitación a volver al momento presente, un lugar en el que no existen tus miedos ni tu ansiedad. El presente es ese lugar donde tu cuerpo toca el suelo, respiras y estás a salvo. Normalmente, cuando llego a la E o a la F ya noto que mi sistema nervioso se ha regulado y soy capaz de ver cualquier situación con otra perspectiva. Como decía Louise Hay: «Solo es un pensamiento, y un pensamiento se puede cambiar».

La gratitud como impulso para transformar tus hábitos

Esta semana te animo a evitar meterte en las redes sociales nada más sonar el despertador. En su lugar, empieza el día con tu práctica matutina milagrosa. Basta con que hagas el hechizo del café de un minuto o escribas en tu diario de gratitud. Luego puedes ir ampliando.

Me encanta curiosear en la pestaña de explorar de Instagram o mirar ideas en Pinterest tanto como a cualquiera, pero desde que cambié el móvil por el diario he conseguido reducir un 70 por ciento el tiempo que paso mirando la pantalla. Ese experimento me llevó a desactivar las notificaciones, lo cual fue crucial para poder manifestar mi sueño de convertirme en la mejor versión posible de mí misma como esposa, madre y bruja autónoma. Como emprendedora digital, te aseguro que no te vas a perder nada importante por ponerte límites con la tecnología. Ahora veo las redes sociales como un aperitivo que puede esperar, una vez que ya he hecho lo realmente importante. Y la verdad: no las echo de menos, igual que ya no echo de menos los picoteos vacíos entre horas.

¿Cuáles son tus «calorías vacías»? ¿Y si recurres a la gratitud en lugar de tirar de patatas fritas, Facebook, Netflix, otra copa de vino o lo que sea con lo que te distraigas cuando estás ansioso por el futuro o decaído por el pasado? La gratitud me ha ayudado a generar más espacio y presencia para mí misma, y eso ha transformado también mi manera de estar disponible para mis clientes, mi familia y mis proyectos creativos. Imagina de qué forma puede ayudarte a convertirte en la versión de ti que ya tiene aquello que manifiestas.

Listas de gratitud: música para manifestar

La música es magia: puede transformarnos por completo a nivel emocional. Todos tenemos canciones que nos hacen llorar al instante o que nos obligan a levantarnos a bailar. Los eventos deportivos recurren a esta energía pinchando fragmentos de canciones potentes para mantener al público animado durante las pausas. Cada banda sonora está diseñada con sumo cuidado para realzar la emoción de cada historia que se desarrolla. Piensa en los primeros tres acordes de «My Heart Will Go On», de Celine Dion: te transportan enseguida a la película *Titanic*, a la escena en la cubierta del barco con Jack y Rose. Puedes aprovechar ese mismo poder creando tu propia banda sonora para acceder a una energía llena de agradecimiento que impulse tu capacidad de manifestar.

Te animo a reservar un rato y montar una fiesta de listas. Es algo que yo hacía en el instituto con mi equipo de natación.

Nos juntábamos en casa del capitán y cada uno traía sus cintas o CD (sí, soy de la época de los *mixtapes*) y algo rico para picar. Nos sentábamos en el suelo del salón a crear la lista perfecta para cada ocasión. Una para aguantar las interminables sesiones de entrenamiento en la piscina, otra para levantar pesas al amanecer y otra para los viajes en coche camino de las competiciones. Cada vez que oigo a C+C Music Factory o a Salt-N-Pepa, me siento de nuevo como con quince años, llena de ilusión y concentración, lista para ganar mi competición.

¿Qué canciones te hacen vibrar y te animan a moverte? Todo lo que haces es un hechizo si le pones la intención adecuada. Piensa en lo que quieres manifestar al sentarte a crear la lista. Diviértete eligiendo el nombre y no dudes en incluir tu objetivo en el título: «Lista de la casa de mis sueños» o «*Playlist* para un negocio de seis cifras», por ejemplo.

Elige un momento en el que ya estés de buen humor, porque así te será más fácil dar con las canciones que te hagan sentir fuerte, abundante, agradecido y con poder. Créeme: si estás de bajón, será mucho más tentador poner canciones que refuercen ese estado emocional. Busca esas melodías que adorabas de joven, las que te hacen sonreír y te llenan de gratitud por tu vida actual, mientras celebras hacia dónde te diriges. Guarda esas listas en un sitio fácil de acceder, como Spotify o iTunes, para tenerlas siempre a mano cuando necesites un chute de energía.

Da lo que sientas que te falta

La manifestación con intenciones parte siempre de una conciencia de carencia. ¿Qué es eso que te falta? Lo que quieres exactamente te llegará mucho antes cuando seas capaz de ofrecérselo libremente a los demás. Por ejemplo, si deseas dinero es porque sientes que no tienes suficiente en tu vida. Para atraer más, dona a una causa benéfica, invita a un amigo a un café o a comer si sabes que lo está pasando mal, o da algo de efectivo a alguien en la calle.

Durante mi etapa en Nueva York pasé por el mayor bloqueo de abundancia que he vivido nunca. Juntar el dinero del alquiler cada mes me dejaba el alma y el sistema nervioso por los suelos. Aun así, llenaba los bolsillos de mi abrigo con monedas y billetes pequeños para poder compartirlos con la gente que me cruzaba en los trayectos diarios. Se los daba a artistas callejeros como forma de agradecer su trabajo y a personas necesitadas como muestra de solidaridad. Dar me ayudaba a mantener la perspectiva, me recordaba que tener algo que ofrecer era ya un privilegio. Por muy mal que me sintiera, al final del día tenía una cama caliente, comida, agua potable y ropa de abrigo para el invierno. Había mucho que agradecer.

Si lo que estás buscando es amor y conexión, da el primer paso y conecta tú. Díselo a las personas que quieres. ¡Escribe una carta de amor! No esperes a que suene el teléfono o llegue un mensaje: está bien ser tú quien se lance. A veces el Universo solo está esperando a que tomes tú la iniciativa para que la rueda empiece a girar. Te sorprenderá el amor que recibes cuando te atreves a abrir el corazón.

En resumen: cuantos más recursos poseas, más impacto podrás tener en el mundo. Imagina poder cuidar de ti, de tu familia, de tu comunidad e incluso de otras personas. Siempre hay algo que podemos dar a quien lo necesita. Eso te ayudará a sentirte agradecido por todo lo que ya tienes, y con ello atraerás, durante el proceso, aún más abundancia a tu vida.

Arquetipos del tarot para la gratitud

CINCO DE OROS

El Cinco de Oros es una carta sombría que representa escenas de carencia y desesperación. Tradicionalmente, las figuras de esta carta parecen estar abandonadas, ignorando el refugio disponible para ellas. Cada uno de los cincos en el tarot representa incomodidad y la necesidad de cambio para salir de una situación difícil. Pero también nos invitan a cambiar la perspectiva sobre nuestras circunstancias para superar la adversidad.

El Cinco de Oros está asociado al elemento tierra y gira en torno a la escasez de bienes materiales. Cuando aparece en una lectura, no predice tiempos difíciles ni ruina financiera, más bien señala que ha llegado el momento de recurrir a tu práctica de gratitud para dejar de enfocarte en lo que te falta.

LA/LE EMPERATRIZ (III)

La Emperatriz es una carta de fertilidad y abundancia. Representa la
energía femenina/yin, aunque también puede leerse como una expresión sin género para atraer lo que manifiestas mediante la gratitud. Para
alejarse aún más de las connotaciones
de género, también puede llamarse Le
Emperatriz.

Me encanta la alusión a la fertilidad de esta carta, ya que se relaciona
con el chakra sacro, el centro divino de la creatividad que todos llevamos dentro. Cuando Le Emperatriz aparece en tu
lectura, es momento de acceder a tu energía sexual y creativa
para magnetizar tus deseos. Esta carta irradia gratitud a través
del reposo sereno y la confianza en la capacidad del Universo
para proveer, así como en la tuya para recibir.

LA REINA Y EL REY DE OROS

La Reina y el Rey de Oros representan la energía femenina/yin y la masculina/yang de la abundancia, respectivamente. Estas cartas de la corte han recorrido el camino del palo de oros y sienten gratitud por lo que han logrado. Eso incluye también las aparentes derrotas, ya que han sido lecciones esenciales en el camino hacia la manifestación de sus deseos.

La Reina de Oros

Considera estas cartas como la versión más elevada de la persona en la que te estás convirtiendo. ¿Cómo se verían a sí mismos desde un estado de empoderamiento en lugar de escasez? Cuando una de estas cartas aparece en tu lectura, tómate un momento para identificar algo tangible en tu situación actual por lo que puedas sentirte agradecido. Pregúntate qué forma de abundancia has recibido, ahora o en el pasado, que puedas valorar.

El Rey de Oros

NUEVE DE OROS

El Nueve de Oros está vinculado a El Ermitaño (IX) de los Arcanos Mayores, por lo que cada uno de los nueves tiene un elemento de soledad. Esta carta suele mostrar a una persona en un jardín exuberante, disfrutando de la abundancia que ha creado por sí misma. En mis lecturas, suelo llamarla «la carta de la gratitud» y pido al consultante que me diga algo por lo que se sienta agradecido en ese momento.

¡Los nueves están muy cerca de la meta! Cuando esta carta aparece, significa que tu manifestación se halla más cerca de lo que crees. Tal vez lo que falta es una conexión más profunda con la gratitud, no solo por lo que tienes, sino también por todo lo que has hecho para transformar tu mentalidad, cuidarte y superar tus creencias limitantes.

CARTAS PARA MANIFESTAR:

Tarot para la gratitud con Le Emperatriz

Esta tirada trabaja con la abundancia creativa de la carta de Le Emperatriz como ancla para ayudarte a conectar con su energía magnética y canalizar el poder de la gratitud.

Como en todas las tiradas de este libro, empieza por establecer la intención de encarnar la gratitud y acercarte a aquello que manifiestas. A continuación, enraíza tu energía con unas respiraciones profundas.

Limpia la energía de tu mazo de tarot con tu aliento o con unos golpecitos suaves antes de empezar a barajar.

Cuando hayas encontrado la carta de Le Emperatriz en el mazo, sácala y colócala boca arriba.

Extrae una carta para cada uno de los siguientes puntos, dejando cada una boca abajo. Evita darles la vuelta hasta haberlas sacado todas: así te aseguras de permanecer como un recipiente dispuesto a recibir orientación del Universo y de tu baraja.

Una vez que las hayas sacado todas, puedes ir girándolas una por una. Deja que tu intuición y Le Emperatriz te guíen para descubrir el mensaje único de cada una de ellas. Tú serás siempre el que decida si lees las cartas invertidas o si prefieres girarlas.

- Carta 1: Algo por lo que puedo estar agradecido ahora mismo.
- Carta 2: Un paso que puedo dar para estar más receptivo a manifestar mi deseo.
- Carta 3: Un mensaje de aliento de Le Emperatriz para los momentos en los que no me siento bien.

CLAVES DE INTERPRETACIÓN:

Cuando leas una tirada, no tengas prisa por interpretarla. Quédate un rato con la Carta 1 y tu diario, y deja que tu intuición te lleve a su significado. Observa las imágenes, los colores, si está invertida. ¿Hacia dónde se orienta la acción: hacia la Carta 2 o a espaldas de esta? ¿Qué puede estar intentando decirte con eso? ¿Hay algún símbolo o detalle que te llame la atención? ¿Qué te sugiere? ¿Puedes vincularlo con algo por lo que te sientas agradecido?

Le Emperatriz nos enseña que hay fuerza en la parsimo-
nia y en el acto de recibir, más que en perseguir nuestros
deseos. Atrae, no persigas. La Carta 2 puede ser una acción a llevar a cabo, pero también puede ser más pasiva.
Confía en que una pausa sagrada es tan importante para la
manifestación como tomar una acción alineada.

Este mismo mensaje se aplica también a la Carta 3. Imagina que estás bebiendo un té con Le Emperatriz. ¿Qué
consejo te daría para apoyarte en tu práctica de manifestación? Anota todos los mensajes que recibas en tu diario.

El proceso en acción

Durante la próxima semana, te animo a experimentar con
tu rutina matutina. Pequeños ajustes pueden provocar grandes cambios. Intenta salir al menos una vez a dar un paseo
consciente con gratitud, crea una lista de reproducción para
tus manifestaciones, regala el recurso que más echas en falta
y apóyate en tu práctica de tarot: todas estas son actividades
poderosas que abren portales de manifestación.

A medida que pongas en práctica una o varias de las técnicas de gratitud de este capítulo, irás notando su impacto en
la actitud que adoptas frente a la manifestación. El Universo
se adaptará para ayudarte a atraer tus deseos con más rapidez
a medida que conectes con tu yo auténtico a través de la música que despierta recuerdos esenciales, al desconectarte de la
tecnología y al moverte en contacto con la naturaleza. Todos
estos ejercicios te están preparando para que escribas tus poderosas cartas de amor en los capítulos siguientes.

Capítulo 7

VISUALÍZALO
EN TU MENTE,
SOSTENLO EN TU MANO

«La imaginación lo es todo. Es el anticipo de las atracciones
que están por llegar a tu vida».

Atribuida comúnmente a ALBERT EINSTEIN

LA VISUALIZACIÓN es la dirección intencionada de tu imaginación ilimitada. Puedes usar la visualización creativa para manifestar absolutamente cualquier cosa.

Aprendí por primera vez el concepto de visualización como herramienta para alcanzar el éxito durante mi etapa como nadadora de competición. Tenía once años cuando Eric Namesnik, medallista olímpico de plata en dos ocasiones, dio una charla motivacional a un grupo de niños que asistíamos a un campamento de natación de verano en la Universidad de Míchigan. Fue mi primera experiencia con la oratoria motivacional, y aun siendo tan joven, me quedé fascinada.

Namesnik nos enseñó la importancia de crear una película mental antes de cada carrera. Nos pidió que cerráramos los ojos e imagináramos cómo nos acercábamos a la piscina y subíamos al poyete de salida. Nos pidió que visualizáramos nuestras propias manos ajustándonos las gafas, confiando en que quedarían perfectamente encajadas y no se moverían al sumergirnos en el agua. Me veía agachándome en el poyete y escuchando al juez de salida decir: «¡Nadadores, a sus puestos!», seguido del pitido que marcaba el inicio de la carrera. Me imaginaba volando por los aires con mi bañador azul marino y zambulléndome en el agua fría como un pequeño torpedo, manteniéndome bajo la superficie todo lo posible antes de salir a dar las primeras brazadas. Me veía tocando la pared en primer lugar mientras la grada estallaba en vítores. Aquella experiencia fue como lo que ahora yo llamo una *meditación guiada de visualización*. Lo que no sabía era el papel tan importante que estas prácticas iban a tener en mi futuro.

Seguro que tú también has recreado mentalmente muchas situaciones, y no siempre de forma positiva. A menudo nos saboteamos imaginando lo peor. ¿Por qué tendemos a visualizar los peores escenarios en lugar de imaginar todo lo contrario? Estas fantasías catastróficas se convierten en profecías autocumplidas. Ponemos el listón muy bajo para que la decepción, si llega, no duela tanto. Inflamos nuestro ego en un intento de protegernos. Una de las dificultades de la experiencia humana es manejar las expectativas: si algo no ocurre tal y como lo habíamos previsto, sentimos que hemos perdido las riendas. En lugar de fluir y confiar en que todo se está desarrollando como debe, nos tensamos y nos aferramos con más fuerza a la ilusión de control. Esto nos lleva a la frustración y a desconfiar de que aquello que deseamos esté realmente destinado para nosotros. El Universo quiere saber: ¿y si saliera bien? ¿Y si la clave para manifestar todo lo que deseas fuera sostener tu visión con manos suaves y flexibles?

Piensa en lo que haces cuando vas a algún lugar por primera vez: introduces la dirección en el GPS, que normalmente te ofrece varias rutas; elijas la que elijas, confías en que te llevará a tu destino. Casi nunca dejas de ir a un sitio por miedo a retrasos imprevistos. Aceptas que los atascos y las paradas forman parte del viaje; de hecho, muchas veces es ahí donde encuentras esas atracciones extrañas pero divertidas al borde de la carretera.

Considera al Universo como tu GPS cósmico. No importa lo que estés intentando manifestar, hay muchos caminos para llegar a tu destino. El trabajo del Universo es ponerte en la ruta más alineada, que incluirá obstáculos y desvíos inesperados: son las lecciones de crecimiento que irás encontrando por el camino y que te ayudarán a convertirte en la versión energética capaz de recibir tus manifestaciones.

Al mirar atrás y repasar todo lo que he manifestado a lo largo de los años, ahora comprendo el sentido de los retrasos que, en su momento, sentí como algo desesperante. Eran mecanismos de protección del Universo: mi sistema nervioso aún no estaba preparado para recibir lo que estaba pidiendo. Visualizar tus deseos y sentir calma mientras te imaginas prosperando en tu negocio, enamorado de tu vida o tomando decisiones con seguridad es el objetivo de la manifestación. Olvídate de esa positividad tóxica que te dice que solo pienses en cosas felices. Este trabajo consiste en sentirse seguro para aceptar y avanzar con el cambio, abrazando el proceso mientras te diriges hacia tu destino.

Cuando te permites soñar despierto con tus deseos hasta el punto de sentirlos en los huesos, estás cada vez más cerca de hacerlos realidad.

Sé el capitán de tu crucero del sueño: el estado hipnagógico para reprogramar tu mente

Si te estás preguntando cuál es el mejor momento para visualizar, la respuesta es justo antes de quedarte dormido.

Según el autor espiritual y conferenciante motivacional Wayne Dyer, los cinco minutos anteriores al sueño son los más importantes del día cuando se trata de manifestar. En ese instante estás en el estado hipnagógico, ese espacio entre la vigilia y el sueño. Es un momento óptimo para reprogramar tu mente y hacer magia.

Aprovecha esa ventana mágica tan poderosa para visualizar tus manifestaciones. Personalmente, creo que el dormitorio está reservado para dormir, acurrucarse y mantener relaciones; esas actividades no incluyen televisores, iPads ni teléfonos. Convertir mi dormitorio en una zona libre de tecnología me ha permitido crear fantasías hipnagógicas épicas que me han ayudado a manifestar nuevas casas, vacaciones, mi boda, un embarazo, trabajos, contratos, ¡lo que te imagines!

Déjame que te cuente cómo lo hago. Siempre trabajo con una sola manifestación para poder enfocar bien mi intención y dejarle claro al Universo y a mi subconsciente que *eso es lo que quiero*. Cuando empecé a manifestar mi boda, estaba saliendo con alguien que, aunque era buena persona, en el fondo sabía que no era *mi* persona. Aun así, tenía una intuición muy fuerte de que estaba a punto de volver a casarme y quería preparar mi sistema nervioso para ese gran cambio vital alineando mis energías con él, en lugar de obsesionarme con el cómo o el cuándo —o con si iba a ocurrir o no—.

Culpa a mi romántico Venus en Cáncer, pero durante el día me sorprendía pensando en vestidos blancos, rosas y bodas en el bosque. Guardaba todas esas imágenes en mi mente y dejaba volar la imaginación justo antes de dormirme. Me aseguraba de visualizar las sensaciones de la ceremonia: cómo me sentía con mi vestido, el olor de las rosas en mi pelo, la alegría y la seguridad. Imaginaba a alguien tomándome de las manos en el altar, pero sin ponerle rostro. Ese era trabajo del Universo. Me hacía tanta ilusión fantasear con esa persona que esperaba con ansias la hora de irme a dormir.

Cuando por fin llegó el día de mi segundo casamiento, con el que hoy es mi marido, nos fugamos a una preciosa casa con forma de A en el pueblecito de Lake Arrowhead, en San Bernardino. Llevaba el vestido de mis sueños y nos dijimos los votos en privado, rodeados de árboles gigantescos, montañas y decenas de rosas rosas. Las sensaciones que tuve durante aquellas películas mentales nocturnas estaban presentes en mi boda real, sin dejar lugar a dudas: eso era exactamente lo que había estado manifestando.

Aunque recomiendo no imponer plazos al Universo, a veces no queda más remedio que ajustarse a los tiempos del mundo físico. En las semanas previas al lanzamiento de mi primera campaña de Kickstarter para la tercera edición de *Moon Void Tarot*, estaba mucho más nerviosa que con la boda hipotética sin fecha clara. Cuando se trata de fechas concretas —como una campaña de 55 días— cuesta más relajarse y visualizar. Por eso es tan importante visualizarte experimentando el mejor escenario posible.

Cuando estás manifestando con una fecha límite, elige conscientemente una parte del proceso en la que centrarte. Por ejemplo, cuando me imaginaba el primer día de mi campaña de Kickstarter, veía mis propias manos, con uñas largas y puntiagudas color rosa con purpurina, pulsando el botón de «Publicar» en el teclado de mi MacBook Pro, y dejaba que la emoción me invadiera mientras llegaban los primeros mensajes de apoyo. Imaginaba el contador de la esquina superior derecha pasando de 100 a 800, a 2500, y así sucesivamente. Cuanto más real hacía la escena en mi mente, añadiendo detalles como el aspecto de las uñas o el teclado de mi portátil de color oro rosa —una imagen que mi cerebro reconoce muy bien— más fácil era para mi subconsciente creer que era cierto e inevitable. Elegí no incluir la cuenta atrás de Kickstarter en mis visualizaciones y centrarme solo en alcanzar el objetivo, que era de 5000 dólares «o más».

Hice esta visualización cada noche durante tres semanas. La campaña se financió por completo en seis horas y acabó recaudando 37 000 dólares.

Visualizaciones: cree antes de ver

A estas alturas, tienes muy clara tu manifestación, ¡y eso es emocionante! Sabes que estás utilizando técnicas de visualización para imaginar lo que se siente al contar con ese deseo ya presente en tu vida. Aunque el estado hipnagógico es el momento más potente, puedes usar la visualización en cualquier momento como refuerzo para tu subconsciente. Reproduce tus películas mentales mientras paseas, en una cafetería o —mi favorita— durante los momentos aburridos de la vida, como cuando esperas en una oficina de administración o en el médico. En lugar de sacar el móvil y ponerte a mirar redes, ¡usa ese rato para manifestar!

Siempre que dispongas de un poco de tiempo extra, utiliza estos pasos para crear tu visualización mágica. Puedes hacerlo mentalmente o anotar tus ideas en un diario antes de empezar.

Concéntrate en tu deseo y responde a las siguientes preguntas:

- ¿Cómo es tu deseo? Dedica un momento a escribir sus características o visualízalas con claridad. Si se trata de una persona, no hace falta que sepas exactamente cómo es: basta con que te parezca atractiva física y emocionalmente. Escribe las cualidades que encuentras atractivas en ella.

- ¿Tu deseo tiene un olor característico? Por ejemplo, si estás manifestando una carrera profesional, ¿tu espacio de trabajo tiene algún aroma especial? ¿Usas velas o incienso? ¿Llevas algún perfume concreto para el trabajo de tus sueños?

- ¿Qué sensaciones te produce tu deseo? ¿Puedes sentir ya esa seguridad, emoción, realización, amor y placer que te causará tenerla? Tómate un minuto para conectar con esas sensaciones ahora mismo.

Ahora que has llegado a ese punto ideal, elige una escena para centrarte.

LA VISUALIZACIÓN DEL DOMINGO PEREZOSO

Cuando se trata de manifestar una relación de pareja, siempre recomiendo lo que he bautizado como la *visualización del domingo perezoso*. Cierra los ojos e imagina que pasas un domingo cualquiera con tu pareja ideal. La visualización no tiene por qué ser una escena espectacular ni un evento importante que te genere presión por hacerlo perfecto. Al contrario: elige un día corriente con tu amor. Imagina que te despiertas por la mañana junto a esa persona y plantéate lo siguiente:

- ¿Cómo es el dormitorio?
- ¿Qué tipo de sábanas y mantas tenéis?
- ¿Qué hora es? ¿Sois madrugadores o remoloneáis en la cama?
- ¿Os quedáis haciendo el amor toda la mañana?

- Cuando por fin salís de vuestra fortaleza de mantas, ¿os metéis en la ducha juntos?
- ¿Os gusta cocinar en pareja, pedir bollería y café a domicilio o preferís salir a desayunar?
- ¿Qué tipo de actividades hacéis juntos como pareja? ¿Sois aventureros? ¿Os gusta ir a mercadillos, hacer rutas de senderismo, jugar a videojuegos o buscar gangas en mercadillos de segunda mano?
- ¿Qué lleváis puesto para vuestra actividad?
- ¿Os veis riendo, besándoos, compartiendo bromas privadas y momentos íntimos?
- ¿Puedes oler el café y los bollos?

Permítete sentir el calor de un abrazo amoroso, sabiendo que estás a salvo y que esa persona te ve y te acepta tal como eres, mientras compartís juntos un día cualquiera.

PERSONALIZA TUS VISUALIZACIONES SEGÚN TUS DESEOS

Esta visualización se puede adaptar a cualquier cosa que estés manifestando. Si es un hogar, imagina que te despiertas en tu dormitorio ideal. Fíjate en la luz que entra por la ventana, en las cortinas que has elegido, en la ropa de cama, en lo mullida o firme que es la almohada. ¿Estás solo o acompañado de tu pareja, una mascota peluda o tu hijo que duerme a tu lado? Observa cómo se eleva y desciende su pecho al respirar plácidamente. Imagínate saliendo de la cama y mirando hacia tus pies. ¿Qué tipo de suelo estás pisando? Camina por el pasillo hacia la cocina para prepararte esa primera y deliciosa taza de café, ¡o tu bebida matutina favorita! ¿Cómo te sientes en ese espacio? ¿Es una casa de una o dos plantas, un apartamento, una casa en la playa, etc.? De nuevo, céntrate en una sola escena, preferiblemente un momento cotidiano de tu rutina diaria. Esto te ayuda a sentirte seguro en un entorno elevado y tu subconsciente entiende que es el siguiente paso lógico. ¡Este lugar es para ti!

¿Estás manifestando abundancia financiera? Antes de que tu mente se lance a pensar en cómo va a materializarse ese dinero o de dónde va a salir, recuerda que esos detalles le corresponden al Universo. Tu tarea es normalizar y visualizar que tu cuenta bancaria está rebosante de abundancia, o que tu cartera contiene varios cientos de euros. Imagínate moviendo tu dinero —es decir, gastándolo— sin culpa. Siente la seguridad y tranquilidad que te da saber que cada euro que das vuelve a ti multiplicado por diez. Por eso utilizamos el verbo «mover» en lugar de «gastar»: visualiza el dinero que sale regresando a ti desde otro lugar. Mientras haces esto, sitúate en tu película mental viendo tus propias manos sosteniendo la cartera, accediendo a tu aplicación del banco o entregando la tarjeta para comprarte ese bolso u otro objeto que desees.

Recuerda que manifestar no tiene que ver con el materialismo, sino con reconocerte como merecedor, así que no te sientas culpable por desear. Imagínate contribuyendo con generosidad a las causas que te importan y haciendo regalos a las personas que quieres, regalos que sabes que los harán felices. Deja que tu imaginación vuele: ¿y si tuvieras tanto dinero que pudieras crear una fundación benéfica o un programa de becas para ayudar a quienes más te conmueven? ¿Seguirías sintiéndote mal por disponer de riqueza si pudieras redistribuirla de forma equitativa para beneficiar a tu comunidad y al mundo en general?

Inevitablemente, como en esos sueños en los que estás cayendo y te despiertas de golpe, los pensamientos intrusivos pueden colarse en tus visualizaciones. Cuando ocurra, intenta no seguir el hilo del miedo. Es solo tu subconsciente apareciendo con pensamientos que buscan protegerte de lo incierto. Tómate un momento para agradecerle que se preocupe tanto por ti. Dile que estás dispuesto a tolerar la incomodidad temporal de la incertidumbre con tal de manifestar tus deseos. Respira hondo una o dos veces y vuelve a tu visualización, recordando que no es tu responsabilidad saber exactamente cuándo o cómo sucederá: esa parte siempre le corresponde al Universo. Tu tarea es atravesar el miedo a lo desconocido y preparar tu sistema nervioso para recibir los cambios que deseas.

Recuerda soltar las expectativas. Visualizar no se trata de que todo ocurra exactamente como lo imaginas, sino de conectar con la sensación de que tus deseos ya forman parte de tu vida. Intenta no aferrarte demasiado a los detalles ni frustrarte si las cosas no se presentan exactamente como las concebiste. Por ejemplo, si estás visualizando una casa blanca de dos plantas con valla de madera, no rechaces una casa azul de una sola planta que en el fondo es el hogar de tus sueños, solo porque no es idéntica a tu fantasía. Pregúntate, en cambio, si lo que está apareciendo en tu vida te está generando las mismas emociones que sentiste durante la visualización. Esto es aplicable a relaciones, dinero y cualquier otra manifestación.

«Lo que tú buscas también te busca a ti». El Universo está atrayendo hacia ti lo que mejor encaja con la energía que has creado a través de tu intención, y eso siempre adoptará una forma algo distinta cuando se materialice. El tarot es el compañero perfecto para la visualización, porque cada carta es una escena en sí misma. Cada pequeño naipe contiene un mundo entero, rico en simbolismo, que te invita a dejar que tu intuición cree narrativas conectadas con tu experiencia.

Arquetipos del tarot para la visualización

SIETE DE COPAS

El Siete de Copas es una carta de elecciones, ilusiones y fantasía: ¡la carta definitiva de la energía «delulu»! Por lo general, muestra a una persona mirando hacia las nubes, donde flotan siete copas llenas de distintas ofrendas. ¿Cómo elegir entre todas las opciones que se presentan?

Es importante tener en cuenta que no se trata de una carta de espadas, que te diría que la respuesta está en tu mente. Es una carta de copas, del ámbito emocional, que es precisamente de donde nace la manifestación: tus sentimientos. El Siete de Copas te pide que conectes con las sensaciones de tu cuerpo para ayudarte a encarnar tus manifestaciones mientras visualizas tus deseos.

Cuando esta carta aparece en una lectura, te está invitando a salir de tu mente y entrar en una experiencia sensorial, empleando la visualización creativa para acercarte a lo que deseas manifestar. También puede estar indicando que es momento de reducir tus opciones, centrarte en una sola cosa y confiar en que tu larga lista de deseos llegará en el momento perfecto y de la forma adecuada.

LOS ENAMORADOS (VI)

Aunque originalmente estaba asociada a la toma de decisiones más que a la unión divina, la carta de Los Enamorados puede verse como un arquetipo de visualización porque implica elegir tus escenarios ideales y confiar en que el Universo te llevará mágicamente a alinearte con tu pareja perfecta. En muchos mazos, esta carta representa una pareja romántica heteronormativa, pero la verdadera pareja perfecta es el equilibrio entre la energía masculina y femenina, el yin y el yang, que existen dentro de cada persona, independientemente de su identidad de género. La manifestación requiere que equilibres estas energías en tu interior, en lugar de buscarlas fuera.

Cuando Los Enamorados aparecen en una lectura, te están pidiendo que te visualices completo, en equilibrio y merecedor de tus manifestaciones. No necesitas estar perfectamente sanado para ser digno de lo que deseas; mereces y siempre has merecido vivir la vida que quieres.

LA SACERDOTISA (II)

La Sacerdotisa

La Sacerdotisa es una carta de visión interior e intuición, dos cualidades esenciales para la manifestación. Su energía aparece en tus lecturas cuando estás demasiado centrado en lo que puedes ver en tu realidad física y necesitas que te guíen con suavidad de vuelta a tus otros sentidos, esos que se comunican contigo de manera sutil. El Universo te está enviando señales para recordarte que vas por buen camino: números angelicales, animales mensajeros, sueños. (Hablaremos más de estas señales en el capítulo 9).

Esta carta es un recordatorio de que consigues más información de tus emociones y de tu intuición de la que crees. Enraíza tu energía con respiraciones profundas, aquieta la mente y escucha a tu cuerpo. ¿Qué intenta decirte? Reconectar con tu intuición abrirá un canal para visualizar con mayor claridad tus deseos. La Sacerdotisa te recuerda que debes creerlo antes de verlo.

CUATRO DE BASTOS

En esencia, el Cuatro de Bastos es una carta de celebración. Si te cuesta visualizar tu deseo, este naipe quiere inspirarte a crear una escena concreta en tu mente. La energía de fuego del palo de bastos es sexi, estimulante, divertida y creativa: todos los ingredientes para una visualización deliciosa.

Si tu deseo apareciera en tu propia carta del Cuatro de Bastos, ¿qué mostraría? ¿Cómo te verías? ¿Quién estaría contigo? ¿Te rodean palmeras y cielo azul brillante, o estás en tu dormitorio soñado, rodeado de velas y cristales?

Cuando esta carta aparece en una lectura, te invita a explorar los detalles de tus deseos. Deja volar tu imaginación e introdúcete en la escena como protagonista.

ACTIVIDAD DE MANIFESTACIÓN

¡Sitúate en el centro de tu propia carta de tarot! Deja volar tu imaginación. Usando todos tus sentidos, responde a las siguientes preguntas:

- Si tu manifestación se representara en una carta del Cuatro de Bastos, ¿cómo sería?
- ¿Cómo te retrataría la ilustración? ¿Qué llevas puesto?
- ¿Qué elementos incluiría tu carta, además de los bastos?
- ¿Quién te acompaña en la escena, o estás solo con valentía?
- ¿Qué colores representarían aquello que deseas en esa carta?
- ¿Tiene tu Cuatro de Bastos un aroma característico? Si es así, ¿cuál sería?
- ¿Qué palabras clave describirían tu Cuatro de Bastos en tu guía imaginaria?

Utiliza la plantilla en blanco para crear tu propia carta de tarot, donde tú eres el personaje principal celebrando haber conseguido tu objetivo. No te preocupes por tus habilidades de dibujo; no hace falta ser Frida Kahlo para plasmar tu pasión en el papel. Coge lo que tengas a mano —un bolígrafo, un subrayador, los rotuladores o ceras de tu hijo— y utiliza colores, palabras e imágenes para ilustrar tu visión del Cuatro de Bastos sin censurar tu alegría.

Conectar con tu artista interior une tu intuición (energía femenina/yin) con tu parte activa (energía masculina/yang) para ayudarte a abrir portales de manifestación. ¡Diviértete con ello y no le des demasiadas vueltas!

Crea tu propia carta del cuatro de bastos

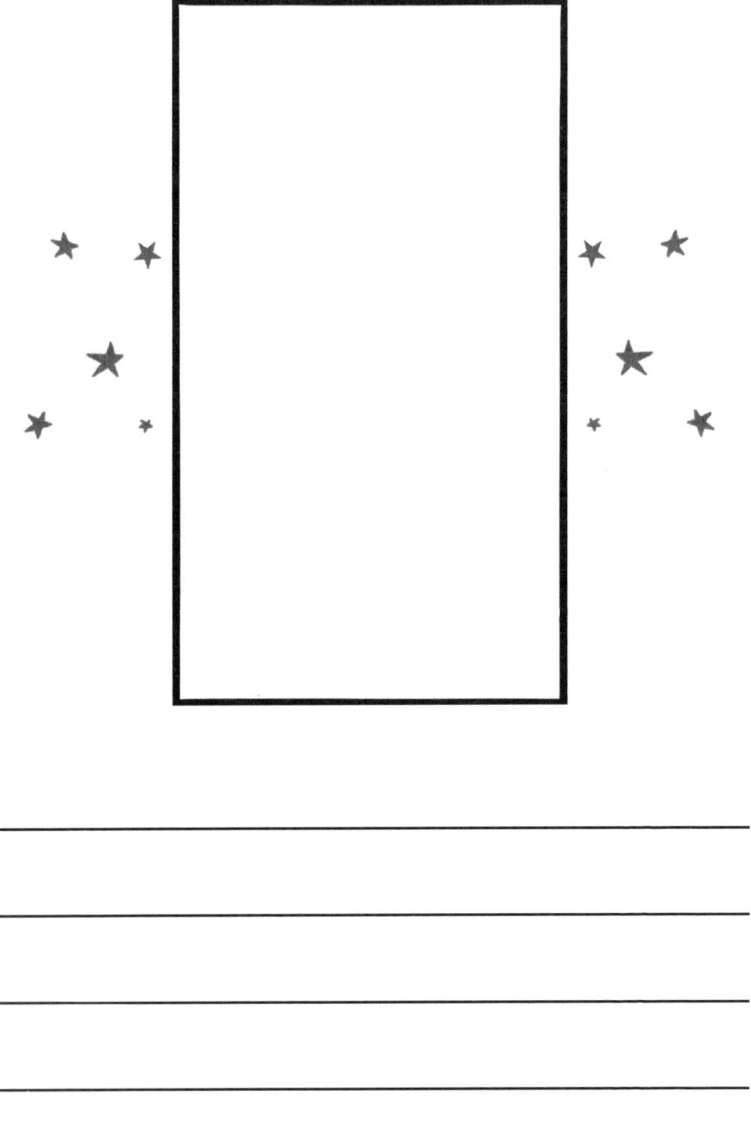

_____

_____

_____

_____

_____

Visualiza tus sueños con La Sacerdotisa

Esta tirada de tarot está pensada para ayudarte en tu preparación para visualizar tus deseos, como si estuvieras estirando los músculos antes de entrenar. Las cartas que saques están aquí para apoyarte e inspirarte a dejar que tu imaginación se despliegue.

Comienza enraizando tu energía con unas respiraciones profundas. Fija la intención de recibir mensajes que puedas entender e interpretar con claridad. Repite una afirmación relacionada con tu manifestación actual como ayuda para concentrarte en ella mientras barajas las cartas. Extrae una para cada pregunta, dejando todas boca abajo hasta que termines.

- Carta 1: Mi percepción intuitiva de esta manifestación.
- Carta 2: Las emociones latentes que me provoca mi manifestación cuando me permito abrazarla por completo.
- Carta 3: Una forma de percibir las señales del Universo y confiar plenamente en ellas en el camino hacia mi manifestación.

CLAVES DE INTERPRETACIÓN:

Trabajar con La Sacerdotisa en esta lectura se trata, sobre todo, de usar tu intuición. Está bien dejar a un lado los significados tradicionales de las cartas y centrarte únicamente en las imágenes y en las emociones que despiertan en ti.

Fíjate en la acción que representa cada carta. ¿Cómo se relaciona con tu viaje de manifestación? ¿Aparecen varias figuras o solo un personaje? ¿Hay animales? Si es así, ¿cuáles? ¿Podrían estar intentando comunicarte algo? ¿Qué elementos aparecen? ¿Hay muchos del mismo tipo? Si es así, ¿qué energía elemental podría ayudarte a visualizar mejor tus manifestaciones?

Tómate tu tiempo con cada carta y anota todas tus observaciones intuitivas en tu diario. Mientras escribes, puede que recibas más mensajes sobre tus deseos y lo que necesitas hacer para alinearte con ellos.

El proceso en acción

Has abierto las compuertas de la creatividad con las técnicas de visualización, los arquetipos del tarot y los ejercicios de este capítulo. Ya estás listo para el siguiente, en el que por fin pasaremos a escribir tus apasionadas cartas de amor al Universo. (¡Lo sé, *por fin*!).

Redactar tus deseos de esta forma es una de las técnicas de manifestación más poderosas, pero resulta mucho menos eficaz sin una preparación adecuada. Haber recorrido con calma los primeros capítulos de este libro ha sido como el calentamiento previo al gran evento.

Esta semana, practica creando «películas mentales» para visualizar cada noche antes de dormir. Recuerda elegir una única escena en la que centrarte para no saturar tu sistema nervioso. Un solo escenario potente, vinculado a tu manifestación, que puedas visualizar durante varios días, te ayudará a normalizar la idea de tenerla.

Conecta con tu artista interior y ponte creativo. Imagínate como protagonista en tu propia carta del Cuatro de Bastos. Estas actividades están pensadas para ser divertidas, ¡así que no te censures ni te obsesiones con hacerlo perfecto!

Cuando estés preparado, acompáñame en el siguiente capítulo, en el que nos adentraremos en el arte de crear hechizos con tus propias palabras escritas.

Capítulo 8

ESCRITO
EN LAS ESTRELLAS

«Llena tu papel con los latidos de tu corazón».

WILLIAM WORDSWORTH

ESCRIBIR Y MANIFESTAR van de la mano. Tus palabras son los hechizos más poderosos que crearás jamás. Tu bolígrafo es una extensión de tu corazón, tu intuición, tu imaginación y tu subconsciente. Estos son tus verdaderos superpoderes y nadie puede arrebatártelos. Tus palabras tienen la capacidad de crear mundos. Úsalas para construir el que más deseas habitar. No hay nada que me dé más alegría que releer mis cartas de amor y ver qué partes de ellas se han hecho realidad y qué aventuras están aún por venir. «Querido Universo: ¡muéstrame hasta dónde puede llegar lo bueno!».

Las brujas y los monjes han sido siempre conocidos por sus cánticos, vibraciones de palabras intencionadas que se funden con el ritmo del Universo. Pero lanzar hechizos desde un estado de autohipnosis no es exclusivo de las personas místicas. Tú también tienes de forma innata el poder de alinearte con el tempo de la energía universal; llevas preparándote para ello desde hace siete capítulos.

El proceso de escribir cartas de amor comienza como cualquier otra cosa nueva que intentes: primero, observa cómo lo han hecho otros; luego, tras unos cuantos intentos, acabas encontrando tu propio ritmo. Mis primeras cartas de amor se parecían más a listas de la compra, pero con el tiempo y la práctica constante fueron evolucionando hasta convertirse en sofisticadas correspondencias de cocreación. Vamos a ver cómo empezar las tuyas.

Escribe cartas de amor al Universo

«Si esperara a que todo fuera perfecto, nunca escribiría».

MARGARET ATWOOD

Esa sensación de agobio frente a la página en blanco, sin saber por dónde empezar, me persiguió durante cuatro años y medio de intensos estudios de arte en la universidad. No sabía cómo comenzar un cuadro. Pensaba que, si me presentaba con pinceles buenos y pinturas caras, algo maravilloso acabaría tomando forma. Me presionaba demasiado para «crear arte», lo cual no es precisamente la mejor estrategia para trabajar de forma creativa.

Perdía más tiempo agobiada que pintando, y supe que necesitaba un plan. Pero no sabía cómo trazar uno. La frustración y la falta de inspiración me llevaron a abandonar la práctica artística durante buena parte de mis veintitantos, eligiendo trabajos de oficina que me alejaban cada vez más de mi faceta artística y, en última instancia, también de mi intuición.

Redescubrir mi amor por el tarot, ya en la treintena, me ayudó a reconectar con mi centro creativo y a recuperar la confianza en mi intuición tras años de abandonarme a mí misma. Comprometerme con el camino de la sanación y el crecimiento personal me llevó a descubrir la manifestación. En mis primeros tanteos con la Ley de Atracción, me sentí inmediatamente atraída por la idea de escribir mis deseos. Como amante de las listas de tareas, me resultaba emocionante y divertido redactar una lista de cosas por hacer para el Universo —¡que alguien más hiciera el trabajo por una vez!—. Estaba agotada de tanto esfuerzo, de empujar y forzar para que las cosas sucedieran. No sabía que la vida no tenía por qué ser siempre cuesta arriba.

Todavía conservo mis primeras listas de manifestación. Elegí cinco categorías vitales: dinero/carrera, amor/relaciones, espiritualidad/crecimiento personal, autoestima/cuidado personal y visión de comunidad. Usé esas categorías como mapa mental, con el año 2017 en el centro. Aunque mi intención era buena, había demasiadas ideas escritas. ¡Mis deseos eran un caos! Desordenados, dispersos y caóticos justo como me sentía por dentro en aquel momento. Mi mapa era el reflejo físico de mi estado interior.

Como veía que no avanzaba nada, cambié al formato de la lista de tareas. Pero otra vez me pasé eligiendo categorías, devanándome los sesos para rellenarlas con todas mis fantasías, sin pensar en qué cosas eran realmente viables. ¿De verdad iba a aprender a tocar el piano, hablar francés con fluidez, escribir un libro y lanzar un pódcast en un solo año? Intentar repartir la energía entre tantos frentes era agotador. Aunque creo que todo es posible, también creo que es fundamental destilar los deseos hasta quedarte con lo que más te emociona. Por eso los ejercicios de claridad son tan importantes en este proceso. Cuando tienes demasiadas opciones, puedes acabar en parálisis por análisis y quedarte justo donde estás. Como yo, también necesitas un plan.

El artista y el escritor canalizan formas elevadas de pensamiento y dejan que esas ideas los atraviesen, en lugar de forzarse a inventar palabras o imágenes. Tú también eres un canal para que el Universo cree a través de ti. Una vez que entendí esto, comprendí que empezar con una lista era una excelente preparación para escribir cartas de amor eficaces. La mayoría de autores trabajan con esquemas para mantenerse enfocados y organizados (yo incluida), del mismo modo que muchos artistas visuales hacen bocetos antes de una composición. Te propongo que adoptes también este enfoque estructurado, incluso si prefieres improvisar.

Aquí tienes la lista que preparé cuando estaba manifestando a mi marido. Empecé con una afirmación en la que daba por hecho que ya estaba en una relación amorosa y comprometida con él. En cuanto a relaciones, reconozco que soy bastante tradicional, así que ten en cuenta que lo que yo buscaba era algo particular y personal; lo que a ti te enciende el corazón en cuestiones de amor es único y especial.

Ya estoy en una relación amorosa
y comprometida con mi marido.

El hombre con el que me he casado es amable
y compasivo, conmigo y con los demás.

Es inteligente, ambicioso y con iniciativa.

Me atrae muchísimo.

Tiene inteligencia emocional.

Tiene un lado espiritual.

Es monógamo y está comprometido
con nuestra relación y con formar una familia.

Prioriza su salud mental.

Podemos comunicarnos abiertamente.

Es creativo y apasionado.

Compartimos valores esenciales.

*Ambos estamos ilusionados por construir
un hogar y una familia juntos.*

Tenemos una química sexual increíble.

*Me valora y con él me siento segura
para habitar plenamente mi energía femenina.*

Te muestro esta lista para que veas cómo le pedí al Universo cualidades específicas en lugar de un tipo concreto de persona o unos rasgos físicos. Si hubiera escrito que buscaba a un hombre de metro ochenta con ojos color avellana y barba, estaría limitando muchísimo al Universo para que me trajera a la persona adecuada. Todos sabemos lo que nos resulta atractivo, pero te aseguro que no es la barba, la altura, los ojos o el culo —¡es la energía!—. No intentes controlar de forma excesiva al Universo.

Cuanto más específico seas con detalles que no importan, más estarás restringiendo su capacidad. Profundiza en lo que de verdad es importante para ti. ¿Quieres tener hijos? ¿O prefieres no tenerlos? Ponlo en tu lista. Es mejor eso que atascarte con lo que alguien aparenta. Cuando se trata de atracción, basta con decirle al Universo que sientes una conexión increíble con esa persona y que os entendéis en todos los sentidos, incluida la vida sexual que soñáis compartir. Así estás expresando lo que quieres lograr dentro de la relación, dejando espacio para que el Universo te traiga a alguien que vibre en tu misma frecuencia y comparta tus valores esenciales.

Ten claras tus metas en una relación y tus preferencias sexuales. Un cliente poliamoroso mío pensaba que nunca encontraría una pareja afín porque vivía en una ciudad muy conservadora. Sin embargo, una vez que trabajó los aspectos de su sombra y dejó atrás el juicio, empezó a creer que ese amor era posible, y no tardó en hallarlo. Mientras le dejes claro al Universo que buscas relaciones basadas en el respeto, el consentimiento y la comunicación, no importa cuál sea tu estilo de vida. El Universo no juzga tus deseos. Cuando aceptas tu verdad, ¡él sabe cómo encontrarte los vínculos ideales! Esto es aplicable a todo lo que quieras manifestar: dinero, crecimiento profesional, comunidad, amistades, mudanzas, lo que sea. La fórmula es:

claridad + aceptación de uno mismo + fe en que todo lo que buscas también te está buscando = la receta de la magia de la manifestación

Reconocer y aceptar tus creencias más profundas es la clave para atraer lo que deseas. Yo solía pensar que era demasiado bruja para la gente corriente y demasiado normal para las brujas de verdad. Nunca sentía que encajara del todo y eso me llevó a pelearme durante años con mis inclinaciones más tradicionales. Como resultado, no paraba de manifestar parejas que no estaban alineadas con lo que en el fondo era mi verdad. Pero, cuando acepté que mi lado más clásico podía convivir con mi faceta de activista progresista y amante del ocultismo, entonces sí pude atraer a la pareja perfecta para construir mis mayores sueños. Creí que era posible tener una relación amorosa y comprometida con alguien que respetara mis creencias políticas y espirituales, y que a la vez aceptara que soy una bruja trabajadora y una madre que se queda en casa.

El Universo puede entrañar muchas paradojas a la vez. No estamos definidos por una sola cosa. He conocido a mucha gente convencida de que nunca conseguirá lo que su alma desea porque es demasiado rara, demasiado poco convencional, demasiado esto o demasiado aquello. Integrar la autoaceptación a través de la escritura no solo es una técnica eficaz de manifestación, sino también una herramienta profundamente sanadora.

¿No estás manifestando una relación? Quizá tu principal objetivo sea recorrer el mundo o, al contrario, echar raíces y crear un hogar. O lo tuyo es desarrollar una carrera que te entusiasme y te aporte buenos ingresos. Sean cuales sean las metas de tu manifestación, ha llegado el momento de crear tu propia lista de cualidades alineadas con tus valores esenciales. Esa lista será la estructura sobre la que construirás con más detalle tu carta de amor.

Antes de que empieces, quiero compartirte un ejemplo de una lista para manifestar crecimiento profesional, también iniciada con una afirmación de intención que da por hecho que el deseo ya se ha cumplido:

Ya estoy trabajando en mi puesto soñado y gano la cantidad perfecta de dinero para el estilo de vida que deseo.

Me encanta arreglarme cada día para ir a trabajar.

Mi trabajo tiene un horario flexible que me permite un equilibrio perfecto entre mi vida personal y laboral.

Mi sueldo me da de sobra para pagar mis facturas con alegría, además de ahorrar, invertir, improvisar y disfrutar la vida.

Me siento bien remunerado y tranquilo con mis finanzas.

Soy organizado y eficiente.

Las personas con las que trabajo me respetan y me tratan con amabilidad.

Tengo límites sanos con mis compañeros y clientes.

Mi trabajo me llena profundamente,
y cada día lo espero con ilusión.

Tengo todo el apoyo y los recursos
que necesito en mi carrera.

Me resulta fácil concentrarme y avanzar
con lo que tengo entre manos.

Mis días están llenos de creatividad y entusiasmo.

Me llegan nuevos clientes y oportunidades con facilidad.

Estoy perfectamente capacitado para afrontar
cualquier reto.

Mi espacio de trabajo es bonito y cómodo; es el lugar perfecto
para desarrollar todo mi potencial y mantener mi ritmo ideal.

En esta lista no he mencionado cifras concretas de salario, ni puestos de trabajo ni nombres de empresas. Así dejo al Universo margen suficiente para traerme aquello que de verdad deseo: las cualidades y emociones que quiero sentir en relación con mi carrera y mis finanzas. Tómate tu tiempo con tu lista. Revísala, afínala para que destaque tus valores y concéntrate en las emociones que tu manifestación te hará sentir.

Ejercicio previo a la escritura: destila tu lista de manifestaciones

Antes de ponerte a escribir, reflexiona sobre tu manifestación recuperando tu carta personal del Cuatro de Bastos que creaste en el capítulo anterior como fuente de inspiración.

Cierra los ojos, coloca una mano en el corazón y otra en el vientre, y tómate un momento para respirar.

Llena tu cuerpo con las sensaciones que te provocaría tu deseo: su aroma característico, el momento del día en el que te ves disfrutándolo más. Visualiza tus propias manos sosteniéndolo. Observa las emociones de seguridad y satisfacción que te produce tenerlo.

Una vez envuelto en la esencia tangible de tu deseo, anota en tu diario la lista de cualidades que aporta a tu vida.

Ponlo todo por escrito

Ahora que ya tienes redactada tu lista de manifestación, ¡estás listo para escribir tu carta de amor! Esa lista servirá como base, pero vas a añadirle todos los jugosos detalles que te hayan llegado a través de las visualizaciones, las lecturas de tarot y las cualidades maravillosas de tu carta del Cuatro de Bastos.

Cuando empieces a escribir la carta, comienza por expresarle al Universo lo feliz y agradecido que estás por gozar ya tu manifestación. Acto seguido, en el cuerpo de la carta, describe con toda precisión lo increíble y maravillosa que se ha vuelto tu vida gracias a ella.

Escribe estas cartas de amor como si fueras el protagonista de tu vida, porque lo eres. Imagina que tus palabras son una varita mágica que lanza el hechizo definitivo para transformar tu realidad.

No hay un número mínimo de palabras —no estamos en clase de Lengua, aquí no se puntúa ni se corrige—. Las mías suelen ocupar entre cuatro y cinco páginas de diario, aunque he visto cartas de amor de diez páginas y otras de solo dos.

Cuando estés listo para cerrar tu carta, hazlo con gratitud. Yo siempre termino con la frase: «¡Gracias por todo esto o por algo aún mejor!». Es una afirmación poderosa: aunque deseas ese deseo en concreto, dejas espacio para que el Universo te sorprenda con algo incluso más maravilloso, en el momento justo y de la mejor manera posible.

A continuación, comparto una carta de amor de ejemplo que combina todos los ejercicios de encarnación que hemos visto hasta ahora con algunos de mis gustos personales en cada párrafo. Pero antes de que empieces, repasemos los aspectos clave para escribir la tuya propia.

QUÉ HACER Y QUÉ EVITAR AL ESCRIBIR
TUS CARTAS DE AMOR

- No te infravalores.
- No lo pienses demasiado.
- No edites tus deseos.
- No escribas lo que no quieres.
- No te centres en detalles superficiales que supongan controlar en exceso al Universo.
- No menciones nombres concretos ni pongas fechas límite a tu manifestación.
- No te preocupes por cómo o cuándo llegará tu manifestación; eso le toca al Universo.
- Escribe tu carta en presente o en pasado, como si ya estuviera ocurriendo o ya hubiera sucedido.
- Céntrate en cómo tu manifestación ha impactado positivamente en varias áreas de tu vida.
- Describe cómo tu rutina diaria fluye con facilidad.
- Comparte la plenitud que sientes ahora que tienes tu deseo.

- Cuéntale al Universo lo seguro y equilibrado que te sientes con ella en tu vida.
- Incluye pequeños detalles que reflejen tus gustos personales y ambienten la escena, sin esperar que sucedan exactamente así.
- Permítete escribir una carta sexi y divertida, en la que tú seas el protagonista, rodeado del amor y apoyo que mereces.

EJEMPLO DE CARTA DE AMOR PARA EL CRECIMIENTO PROFESIONAL

Querido Universo:

Estoy exultante y colmada de gratitud ahora que trabajo en el puesto de mis sueños. ¡No podía esperar a contarte las cosas increíbles que han sucedido en mi vida! Ahora que tengo mi trabajo perfecto, mi día a día fluye con más orden y eficacia que nunca. No solo gano un dineral, sino que duermo de maravilla y me despierto con energía, ilusionada por empezar la jornada. Disfruto eligiendo qué ponerme, combinando prendas que me hacen sentir elegante y poderosa. ¡Me divierte ver cuántos tonos de rosa puedo meter en un solo conjunto!

Déjame contarte cómo es mi espacio de trabajo: luminoso, lleno de flores frescas. Me encanta tomarme mi café de avellana con leche de soja en mi taza rosa de siempre mientras me preparo para un día productivo. Este entorno me inspira: tengo mis cristales favoritos —amatista, cuarzo rosa, mucho cuarzo transparente— y los detalles dorados de las lámparas y los armarios me hacen sentir como si viviera rodeada de lujo. Es un lugar que me impulsa a dar lo mejor de mí a nivel creativo. He creado un rincón con una iluminación fantástica para grabar mi pódcast y generar contenido para redes. Aho-

ra que gestiono mi propio horario, puedo trabajar a mi ritmo, en solitario, escuchando la música que me lleva al estado de concentración perfecto.

Estoy inmensamente agradecida por las personas con las que trabajo. ¿Te puedes creer lo increíble que es sentirse vista, respaldada y valorada por todos con quienes me relaciono? Establecer límites profesionales y conseguir un equilibrio saludable entre trabajo y vida personal ha sido clave para mi bienestar. Es tan agradable terminar la jornada y dejar el trabajo donde debe estar… Ya no reviso el correo fuera de mi jornada laboral; ahora dedico ese rato a estar con mis seres queridos y cuidarme. ¡Por fin tengo tiempo libre! Confío en que doy lo mejor de mí en los momentos que he elegido conscientemente para trabajar, y eso se nota.

Ha sido sanador para mi sistema nervioso poder cuidarme como no lo hacía desde hace años. Tengo más tiempo y dinero para invertir en actividades de autocuidado. Me siento más estable y segura con mis finanzas que nunca, y también tengo más energía para mis relaciones, que están en plena floración. Este nuevo estilo de vida me sienta genial; me siento más atractiva y conectada con mi cuerpo que en mucho tiempo, y eso ha tenido un efecto muy positivo en mi vida amorosa.

Mi pareja y yo nos hemos vuelto a conectar tanto a nivel emocional como físico: ¡no podemos quitarnos las manos de encima! Estoy feliz por el tiempo de calidad que compartimos. Como tengo más ingresos, por fin hemos podido viajar, algo que llevábamos mucho tiempo deseando. Ya tenemos planificados dos viajes increíbles y hemos reservado tanto el dinero como los días necesarios. ¡Por fin vamos a hacer el viaje a Grecia que llevamos años soñando! Me veo sentada en una terraza de ensueño con vistas al mar, comiendo ostras con una copa de vino en la mano, respirando el aire salado mientras el sol me calienta la piel. Hacer ese sueño realidad es una sensación increíble.

Aunque adoro mi trabajo, sé que es sano y beneficioso tomarme descansos para recargar. Confío en que he creado los sistemas adecuados para que todo funcione incluso en mi ausencia. Cuento con el apoyo y la comprensión de mis compañeros y clientes, lo cual me permite disfrutar del estilo de vida que he construido. Estoy profundamente agradecida por las oportunidades que no dejan de llegar. Esta etapa de crecimiento me está enseñando y transformando más de lo que jamás imaginé. Me siento entusiasmada con todo lo que está por venir y agradecida por el camino que me ha traído hasta aquí. Estoy orgullosa de haber dado el paso y haberme convertido en esta nueva versión de mí.

Con amor y gratitud por todo esto
o por algo aún mejor,
STEFANIE

Desglosemos esta carta de amor. Verás que he puesto el foco en el crecimiento profesional y en una mejora económica sin mencionar un empleo, empresa o cargo concreto. En lugar de eso, me he centrado en las emociones y cualidades que deseo experimentar en mi día a día laboral. He incluido detalles sobre cómo imagino mi espacio de trabajo, pero no estoy apegada a ninguno de ellos: cosas como el café o los cristales puedo llevarlas a cualquier lugar, y si un día no las tengo, tampoco pasa nada. También he descrito cómo este cambio laboral mejora mi vida amorosa y mi salud mental. Hablar de cómo me permite viajar más ayuda a mi subconsciente y a mi sistema nervioso a entender que el cambio es algo positivo y no algo que deba temer. Elegí Grecia porque es un destino que me hace ilusión, y al escribirlo entro en una energía relajada y sensual, que es justo lo que quiero sentir mientras manifiesto. Si acabo yendo a Santorini, ¡maravilloso! Pero no es imprescindible.

Cuando escribas tu carta, deja que tus pensamientos fluyan hacia actividades y detalles que te enciendan, te calmen y te conecten con tu deseo. A mí me estimulan las buenas comidas, la decoración bonita y el romance. También me ayudan a relajarme para que el Universo pueda traerme lo que he pedido, en el momento justo y de la mejor forma. En lugar de estresarme con el currículum perfecto, una web, productos o correos de *marketing*, en mi mente escucho las olas del Mediterráneo rompiendo contra las rocas, siento el sol calentándome la piel mientras me tomo un Aperol Spritz con mi amor. Encontrar serenidad a través de tus cartas de amor es clave para dejar de ponerte obstáculos y permitir que el Universo te envíe oportunidades, conexiones e intuiciones que te guíen hacia tus próximos pasos. No hay motivo para preocuparse por lo que no puedes controlar. Descansa y recarga para que estés listo cuando el Universo llame a tu puerta.

Nunca olvidaré la carta que escribí el 1 de enero de 2021. Estaba manifestando una expansión profesional, muy parecido al de la carta de ejemplo que acabas de leer. Pero en esa carta, al describir mi despacho ideal, escribí que contaba con una asistente que me ayudaba con los correos, la creación de contenidos, la edición y las tareas administrativas. En ese momento, no estaba buscando contratar a nadie, pero escribirlo me ayudó a conectar con la sensación de tranquilidad, algo que mi sistema nervioso necesitaba para poder sostener el crecimiento profesional que le pedía al Universo.

A las pocas semanas de escribir aquella carta, recibí un mensaje muy claro: era hora de crear una nueva edición de *Moon Void Tarot*, esta vez en tonos rosas preciosos, en lugar del blanco y negro con toques rojos que tenía la versión anterior. Esa flamante paleta reflejaba la nueva etapa vital que estaba comenzando, una que, por fin, se me antojaba exquisita. Sabía que no podía sacar esa baraja adelante yo sola.

ESCRITO EN LAS ESTRELLAS

Hasta entonces, había financiado *Moon Void Tarot* con reservas anticipadas a través de Etsy e Instagram. Siempre conseguía reunir lo justo para imprimir cien ejemplares, pero
también tenía que recurrir a mis ahorros o a la tarjeta de
crédito para sacar adelante ese proyecto apasionante. Mi padre solía decirme que yo tenía un *hobby*, no un negocio.

Me aterraba la idea de hacer una campaña de micromece-
nazgo. Pedir ayuda —y más aún ayuda económica— me resultaba dificilísimo. De pequeña, si pedía veinte dólares para ir al
cine o salir a cenar, mi padre me redactaba un contrato con una
lista de tareas —por valor muy superior a esos veinte dólares—
que debía hacer a cambio. Aprendí enseguida que pedir ayuda
implicaba demasiadas condiciones y que lo mejor era buscar-
me la vida. Esa desconfianza en que los demás tuvieran que responder por mí se convirtió en parte de mi sombra, así que superar ese miedo era necesario si de verdad quería avanzar.

Pasé los dos primeros meses de ese año formándome sobre
cómo lanzar una campaña de Kickstarter con éxito, mientras
canalizaba con entusiasmo las ilustraciones nuevas para las
cartas. Fue una época de auténtico renacimiento creativo, rebosante de inspiración y descubrimientos. Mientras trabajaba
en los Arcanos Menores, recibí un correo sorpresa de una bruja *queer* y solitaria llamada Reese Quinn. Me escribía para
preguntarme si podía ser su mentora de tarot. Le respondí
que estaba centrada en la creación del nuevo mazo y en la
preparación del lanzamiento de mi primer Kickstarter, así que
no tenía tiempo para aceptar alumnos nuevos. Su respuesta
me dejó boquiabierta. Me escribió enseguida diciéndome que
le encantaría trabajar conmigo como asistente, ayudándome
con la campaña, el *marketing* y las tareas administrativas a
cambio de una mentoría en tarot y astrología.

No me lo podía creer. No solo había manifestado el crecimiento profesional que tanto deseaba, ¡sino también la asis-

tente que había descrito en mi carta de amor! Aquella campaña recaudó más de 37 000 dólares. Con la ayuda de Reese en la edición del manual y la creación de correos de *marketing*, conseguimos que *Moon Void Tarot* llegara a tiendas especializadas de todo el mundo. No habría podido expandir mi negocio sin su ayuda. Y lo mejor de todo: encontré una amiga para toda la vida.

¿Empiezas a hacerte una idea?

Las cartas de amor son una herramienta preciosa para conectar con tus deseos, vibrando con la energía de tu manifestación al poner por escrito, con tu poderosa pluma, todo lo que anhelas.

Y puede que ahora te preguntes: ¿cuál es el mejor momento para escribir mi carta de amor? A lo que yo te respondo: el momento es siempre *ahora*. Si este libro ha llegado a tus manos, es porque ha llegado tu momento.

Fecha tus cartas de amor según el cosmos

Como astróloga y bruja practicante, creo en trabajar con las estaciones astrológicas, los tránsitos y los ciclos lunares como una fuente extra de energía procedente del Universo. Sin embargo, no necesitas seguir los astros ni esperar a un día concreto del año para comunicarte con él. Tu intuición te guiará hacia el momento que sea sagrado para ti a fin de que escribas tus cartas de amor.

Para quienes sienten curiosidad por el cosmos, he recopilado una lista de momentos propicios en los que puedes trabajar con el clima astrológico para conectar con energías universales favorables cuando vayas a escribir tus cartas de amor.

LUNA NUEVA

Cada mes, cuando el sol y la luna están en el mismo signo, se unen para formar una luna nueva. Durante unas noches, la luna no es visible, y este periodo se considera un contenedor sagrado para sembrar intenciones. En la oscuridad, dispones del espacio energético ideal para crear con el Universo.

Este es uno de mis momentos favoritos para escribir cartas de amor, especialmente minicartas centradas en manifestaciones que deseas trabajar a corto plazo. Aunque por lo general recomiendo evitar imponer plazos al Universo, trabajar con un ciclo lunar —de unos treinta días— es perfecto para metas pequeñas y cambios de hábito que te ayudarán con manifestaciones más grandes.

Por ejemplo, quizá llevas tiempo queriendo ser más organizado como parte de una manifestación mayor para aumentar tus ingresos o mudarte a un espacio más amplio. Escribe tu carta de amor detallando organizado eres ahora y cómo eso ha mejorado tu productividad. Describe cómo has superado la procrastinación y cómo ahora puedes abordar proyectos mayores con facilidad. Durante ese mes, es probable que empieces a notar cambios en tus hábitos diarios y que el Universo te responda en consecuencia.

Cuando declaré en una carta de amor que ahora era la versión más organizada de mí misma, enseguida recibí un correo de Writual Planner, una empresa independiente que crea agendas anuales basadas en la astrología, con tiradas de tarot mensuales y actividades de fijación de intenciones. Me ofrecieron enviarme su último planificador a cambio de algunas publicaciones en redes sociales. ¡Resultó ser justo lo que necesitaba para mantenerme organizada de una forma alineada con mi amor por el tarot y la astrología!

Luna llena

La luna llena es un momento propicio para escribir cartas de amor si estás buscando claridad y visión. Cuando la luna brilla con todo su esplendor, la energía es vibrante y puedes ver en la oscuridad lo que antes permanecía oculto en las sombras. Trabajar con la luna en su punto álgido es favorable para escribir cartas de amor orientadas a dar los próximos pasos cuando te sientes perdido o indeciso. Pídele a la luna llena que te guíe con tu tercer ojo intuitivo hacia las próximas etapas de tu camino de manifestación.

Muchos practicantes de magia colocan sus cristales bajo la luz de la luna llena para recargarlos con su energía, revitalizando así sus propiedades curativas. También puedes potenciar tus cartas de amor bajo su resplandor. Tanto si es una nueva carta que escribes en luna llena o una que ya tengas escrita, colócala entre tus cristales, directamente al aire libre o en un alféizar seguro. Cualquier forma de acceso a la luz de la luna servirá, ya que lo que importa es tu intención al amplificar tus palabras y atraer el poder de la luna hacia ti.

Año nuevo

El día de Año Nuevo se considera un momento de renovación y cambio, marcado por resoluciones o, para los más adeptos a la magia, por el establecimiento de intenciones. El 1 de enero se produce durante la temporada de Capricornio, signo cardinal o iniciador de tierra regido por Saturno, planeta serio y orientado a las tareas. Este es mi momento propicio favorito para escribir cartas de amor. Si alguna vez has conocido a un Capricornio, sabrás lo centrados y entregados que están a su trabajo, priorizando incluso las tareas más tediosas con tal de avanzar hacia sus objetivos. La gratificación diferida propia de la energía capricorniana es justo lo que necesito al escribir mis cartas de amor. Hay personas con las que no resuena manifestar en pleno invierno del hemisferio norte, pero, como soñadora creativa y altamente sensible que soy, recurro a esta temporada saturnina para concentrar mis intenciones y llevarlas como una ola a través del trabajo interno y externo necesario para dar vida a mis cartas de amor.

Hace ya varios años, decidí seguir mi intuición y dejar de salir en Nochevieja. La escena de la fiesta había perdido su encanto para mí y ya no me divertía. Cambié el champán y los tacones Jeffrey Campbell por calcetines de chenilla rosa y una cena casera. Tomé la decisión consciente de quedarme en casa, dormir bien y pasar el día de Año Nuevo limpiando a fondo mi casa, guardando los adornos navideños, cocinando un almuerzo fabuloso y haciendo mi tirada de tarot para el año (que incluyo en el Apéndice C), y eso cambió por completo mi vida. Hay algo muy poderoso en comenzar un año nuevo en comunión con el Universo y con tu visión de quién quieres ser.

¡Claro que, si aún te encanta ponerte lentejuelas y bailar hasta que salga el sol, no dejes de hacerlo! Echo de menos esos días, pero con los años mi práctica espiritual se ha profundizado y mi cuerpo se ha vuelto más sensible a las multitudes, la música alta y los químicos. Para honrar lo que mi cuerpo necesita, he refinado las actividades de este día sagrado para incluir la escritura de mi gran carta de amor para el año nuevo, junto con mi tirada de tarot, una limpieza intencionada del hogar y despedirme de la alegría navideña del año anterior.

Equinoccio de primavera

El equinoccio de primavera suele darse hacia el 20 o 21 de marzo y marca el inicio del nuevo año astrológico, es decir, la temporada de Aries. Muchas brujas creen que el año no comienza de verdad hasta que el Sol termina su recorrido por el sensible Piscis, último signo del zodiaco asociado con los finales. Aries, regido por Marte, es el impulsivo signo de fuego de los comienzos, de la acción y de abrir nuevos caminos. Este es un momento propicio para escribir tus cartas de amor si quieres aprovechar la energía intrépida y emprendedora de Aries.

La primavera en el hemisferio norte es cuando los días se alargan, florecen las plantas y suben las temperaturas, despertando algo en todos nosotros. Observa de qué formas te sientes más vivo y entusiasta, canaliza esas emociones en tus cartas. Si escribiste una carta de amor en Año Nuevo, utiliza el equinoccio de primavera como punto de revisión. ¿Qué se ha manifestado desde entonces? ¿Han cambiado tus deseos? ¿Cómo puedes aprovechar la energía asertiva de Aries para impulsarte durante la primavera?

Tu vuelta al sol

¿Qué mejor regalo para ti que escribirle una carta de amor al Universo el día de tu cumpleaños? Tu vuelta al sol es tu verdadero año nuevo personal, ya que el astro regresa al punto exacto en que se encontraba el día en que naciste, y con ello se restablece tu energía para los próximos 365 días. Escribir tu carta de amor en tu cumpleaños te permite aprovechar esta energía tan especial para que te guíe durante el año, conectado con todo tu poder solar.

He notado que muchas personas experimentan tristeza en su cumpleaños por distintos motivos, siendo la edad y las expectativas los más habituales. Igual que hice al adaptar mis rituales de Año Nuevo para alinearme con la persona en la que me estaba convirtiendo, he comprobado lo poderoso que es también ajustar nuestra energía en torno a cómo abordamos los cumpleaños en relación con la manifestación. Imagina cómo sería esperar con ilusión tu carta de amor de aniversario y las exquisitas posibilidades que te esperan, en lugar de centrarte en el número de velas que hay o cuánta azúcar y gluten lleva el pastel.

En los días o semanas previos a tu vuelta al sol, convierte tu cumpleaños en la estrella de tu práctica de visualización. Imagina que lo celebras con personas que amas, en un lugar que te inspire alegría, serenidad y placer. ¿Dónde estarías? ¿Con quién lo compartirías? ¿Qué llevarías puesto? Crea una película mental que marque el tono del día que deseas vivir y lleva esa energía a tu carta de amor.

Pero espera, ¡hay más!

Una vez que hayas escrito tu carta de amor, quizá te preguntes qué hacer con ella y cuándo escribir la siguiente. Tu carta es una parte esencial de tu práctica diaria de manifestación, por lo que te recomiendo guardarla en un lugar donde puedas acceder fácilmente a ella y conectar con su contenido, como tu altar o junto a tu diario. También puedes colocarla en un espacio relacionado con lo que manifiestas; como hizo mi amiga Celeste, que estaba manifestando a su pareja y guardó su carta de amor en el cajón de su mesilla de noche.

No la escribas para olvidarte de ella —¡léela a menudo!—. Cuando termines tu carta, si puedes, léela cada día. ¡En voz alta, a ser posible! Me da igual sonar ridícula leyéndosela a mi hijita mientras estamos sentadas en el suelo del salón rodeadas de juguetes. En cuanto las palabras salen de mi boca, me siento recargada de energía y conecto de inmediato con la versión de mí misma que ya goza de lo que deseo. Cada vez que interactúas con tu carta, estás accediendo a las emociones asociadas con tener aquello que deseas, ¡y eso lo atrae cada vez más hacia ti!

¿Con qué frecuencia deberías escribir cartas de amor? Como decía Lindsay Lohan en *Chicas malas*: «¡El límite no existe!». Una vez escrita, asegúrate de interactuar con ella lo más a menudo posible. Observa los cambios que van ocurriendo y anótalos en tu diario. Incorpora esto a tu práctica diaria de gratitud, dando las gracias al Universo por lo que ya está llegando a tu vida mientras manifiestas tus deseos.

Te recomiendo escribir una nueva carta de amor cuando hayas conseguido aquello que pedías o siempre que sientas la necesidad de reajustar. En el siguiente capítulo trataremos en profundidad los giros en la manifestación. Deja que tu intuición te indique cuándo es momento de escribir una nueva carta o volver a trabajar con los momentos propicios que he compartido en este capítulo. ¡El Universo siempre está encantado de saber de ti!

Arquetipos del tarot para escribir cartas de amor

Aunque escribir cartas de amor al Universo es una herramienta alquímica de manifestación, también es una oportunidad para recurrir a tu fiel mazo de tarot como apoyo adicional. Los siguientes naipes simbolizan el proceso de escribir cartas de amor y pueden ofrecerte orientación extra a medida que te adentras en esta fase de la manifestación. Presta atención cuando aparezcan en tus lecturas. También puedes invocarlos colocándolos en tu altar o junto a tu carta de amor una vez escrita.

EL LOCO (0)

En el tarot, El Loco lleva el número cero, una esfera infinita de posibilidades que abarca el todo y la nada. Su energía es la del optimismo ciego, enraizado en la confianza de que el Universo lo guiará a lo largo de su viaje hacia lo desconocido. Escribir cartas de amor al Universo requiere ese tipo de fe, pues te aventuras en el espacio liminal de la creación conjunta.

El Loco suele representarse sereno, esperanzado y soñador, caminando al borde de un precipicio bajo un sol radiante. Cuando El Loco aparece en tus lecturas, estás haciendo una petición al Universo para convertir tus sueños en realidad y, con ello, accediendo a convertirte en una nueva versión de ti mismo —una versión que puede sostener más y expandirse para hacerlo—. Comprendes y aceptas que el proceso de transformación es como echar los dientes, dar a luz o transformarse de oruga a mariposa: desordenado, no lineal y aun así la única forma de avanzar.

LA JUSTICIA (XI)

Cuando se trata de escribir cartas de amor, no se me ocurre una espada más poderosa que la de La Justicia. En el tarot, este naipe representa la restauración del equilibrio al armonizar con la naturaleza, el Universo y uno mismo. Cuando has estado viviendo en oposición a tu verdad personal, te desconectas de tu intuición. La sombra se vuelve densa, cargada de resentimiento, rabia, tristeza, celos y juicio —por nombrar algunas de las formas en que se manifiesta el desalineamiento—.

Cuando veas que aparece la carta de La Justicia, te está pidiendo que trabajes en sanar los aspectos de tu sombra y encontrar tu voz. ¡Perdónate y acéptate, con todos tus defectos, reales o percibidos! La Justicia te dice que ha llegado el momento de integrar y restaurar el equilibrio interior. Tus deseos están al alcance de tu mano.

SOTA DE ESPADAS

Sota de Espadas

Las sotas en el tarot se consideran tradicionalmente aprendices o niños. Son los novatos del tarot y no siempre se les reconoce el mérito que merecen. Lo que muchos olvidan es que las sotas ya han recorrido todo el camino de su palo, aprendiendo las lecciones del As al Diez. Puede que ahora emprendan una nueva aventura en el reino de las Figuras de la Corte, pero traen consigo una base de sabiduría y experiencia que les permite expandirse hacia nuevos horizontes.

Al igual que El Loco, las sotas se lanzan al vacío. La de Espadas, en particular, está conectada con el elemento aire, la mente, la comunicación y, por supuesto, ¡la escritura! Cuando esta carta aparece en tu lectura, te está animando a confiar en ti. Estás más preparado de lo que crees para dar el siguiente paso. Escribir tus deseos en forma de carta de amor es el vehículo perfecto para tu expansión.

El proceso en acción

Esta semana es tu momento para sumergirte en los ejercicios previos y la escritura de tu carta de amor. Disfruta de este tiempo tan especial. Renueva tu altar incorporando elementos que refuercen tu carta de amor. Yo suelo incluir mi cuarzo rosa favorito para el amor, amatista para la intuición y fluorita para la concentración. También coloco un pintalabios fucsia o rojo en el altar, para conectar la belleza con el poder de la palabra intencionada, y una pluma estilográfica que me regaló mi padre cuando publiqué mi primer libro, *Tarot Guiado*.

¿Qué objetos son especiales para ti? ¿Cómo puedes adornar tu espacio sagrado con cosas que estén conectadas con tus manifestaciones? Piensa en flores frescas, frutas, verduras de raíz o hierbas. Diviértete con tu altar colocando sobre él tu carta de amor y una carta del tarot, para poder volver a ella y reconectar con tu manifestación durante los próximos días.

Capítulo 9

LO QUE OCURRE EN LA SALA DE ESPERA CÓSMICA

«La paciencia no consiste simplemente en saber esperar, sino en cómo nos comportamos mientras esperamos».

JOYCE MEYER

CREO QUE PODEMOS ESTAR todos de acuerdo en esto: esperar es lo peor, sobre todo cuando sentimos que estamos obligados a depender de fuerzas que escapan a nuestro control. Confiar en que el Universo cuidará de ti es una habilidad que hay que cultivar dentro de tu práctica de manifestación. Todos hemos caído alguna vez en la trampa de enredarnos en nuestros propios miedos y en los «y si...». Por eso se llama «práctica».

Tienes que poner intención cada día en tu energía y buscar maneras de mantener la calma y la paciencia. Cuando estás en la sala de espera cósmica, puede parecer que no está ocurriendo nada, pero te aseguro que el Universo está trabajando con esmero entre bastidores para cumplir tus deseos. Pero recuerda que funciona según el tiempo divino, no según tu calendario personal, y que no responde a súplicas desesperadas, frustraciones ni regateos hostiles. Tu tarea durante este periodo de espera es aprender a cambiar el enfoque del «¡¿dónde está?!» hacia la tranquilidad de confiar en que ya es tuyo y que no importa cuánto tarde en llegar. ¡Dicho así suena fácil!

Manifestación histérica y FOMO: cómo espantar al Universo

Vivimos condicionados a hacer lo que sea con tal de satisfacer nuestras necesidades al instante. La gratificación inmediata es una piedra angular de nuestra sociedad capitalista, influye en todo lo que vemos en los medios y marca la forma en que se nos vende constantemente. El *marketing* puede llegar a ser depredador, y su objetivo principal es convencernos de que debemos estar siempre produciendo y consumiendo. Se nos ha inculcado que esperar equivale a sufrir, por lo que debe evitarse a toda costa. Nos dicen que hay que hablar rápido, gritar más alto, generar contenido incesantemente y hacerlo todo en menos de siete segundos para ser vistos y seguir siendo relevantes. Hay miles de memes en internet que se burlan del FOMO («el miedo a perderse algo»), en vez de enseñarnos a honrar con respeto cada inhalación que debe darse antes de que llegue la exhalación de la vida. Esta energía da lugar a la manifestación histérica, que es el gran repelente del Universo: un desencanto inmediato.

Ponte por un momento en el lugar del Universo. Cierra los ojos e imagina que eres todo polvo de estrellas en espiral, una presencia infinita. Ahora imagina que alguien te pide algo. La conversación sería algo así:

Persona: ¡Hola, Universo! ¡Deseo esto con todas mis fuerzas!

Universo: ¡Por supuesto! ¡Claro que deberías tenerlo!

Espera un poco mientras veo cómo traértelo.

Persona: Increíble, ¡gracias!

(Cinco minutos después):

Persona: Eh, Universo..., sigo esperando eso. ¿Cómo va la cosa?

Universo: ¿No viste el 3:33 en el microondas?

Era yo, diciéndote que está en camino, relájate.

Persona: Ya, sí lo vi, pero... ¿ya ha llegado?
No creo que esté pasando nada.

Universo: Mira, cuanto más me preguntas, más tiempo tengo que dedicar a enviarte pájaros, matrículas con números repetidos y letras de canciones, y menos tiempo puedo invertir en organizar todo para darte lo que quieres.

Persona: Ya, ya, entiendo... ¿Entonces me lanzo yo a por ello?

¿Si hago x, y, z, crees que lo conseguiré más rápido?

Universo: ¿Cómo te ha ido con eso hasta ahora?

Persona: Mmm... No sé si sabes lo que haces. Aún no está aquí.
No creo que llegue.

Universo: Lo único que te diré es que, cada vez que veas ese pájaro o esos números repetidos y pienses que son una señal mía, sí, soy yo.
Ya te lo dije.

Cuando alguien no deja de pedirte lo mismo una y otra vez, probablemente te acabes sintiendo frustrado y molesto por su insistencia. En estado de manifestación histérica, estás evitando la entrega y la confianza necesarias para que se produzca lo que deseas. Nos volvemos como niños impacientes, tirando del abrigo del Universo. No eres mala persona por caer en la trampa de la gratificación instantánea; todos estamos programados para ello. Por eso cultivar la confianza y la paciencia merece un capítulo propio en este libro. Por eso existen las consultas de tarot. Por eso miramos al cielo en busca de respuestas. Por eso nos agotamos intentando forzar los cambios. Somos capaces de llegar muy lejos con tal de evitar que el Universo nos diga: «¡Ostras, espera!».

El Universo siempre te habla: aprende a reconocer las señales

El Universo intenta comunicarse contigo constantemente. Si tu intuición te dice que algo que ves o escuchas es una señal, lo más probable es que lo sea. A veces es tan evidente que resulta hasta cómico —como cuando no podía dar un paso sin tropezar con zapatitos de bebé y chupetes—. Otras veces es tan sutil que, si parpadeas, te lo pierdes. Ya sea un susurro o un grito, hay varias señales habituales que son como guiños del Universo, una forma de validarte mientras avanzas en tu camino. Presta especial atención si ves lo siguiente:

- *Animales*. Si te llama la atención un animal, especialmente uno que no sueles ver, puede que sea el Universo dándote ánimos. Cada animal tiene su propia medicina: las mariposas están asociadas con el cambio, los halcones con la perspectiva. Aunque puedes buscar en internet el simbolismo de cada animal, lo más fiable es seguir tu intuición sobre lo que representa para ti. Tal vez conectas profundamente con ese cuervo que te ronda últimamente, pero recuerda: es un mensajero del Universo, no tu animal de poder.

- *Números repetidos*. Al Universo le encanta hablarte mediante secuencias numéricas, a veces llamadas «números de ángel». El Universo —o tus guías— puede enviarte mensajes a través de los números. Cada cifra del 0 al 9 tiene una energía concreta y, cuando se repiten, el mensaje se intensifica. El año que cumplí 33, empecé a ver el 33 y el 333 por todas partes: en matrículas, vallas publicitarias, el microondas, el reloj... El número 333 me acompañó durante mi primer despertar espiritual y se convirtió en un recordatorio reconfortante de que aquel vacío aterrador era en realidad la puerta de entrada a mi propósito.

- *Sincronicidades*. También conocidas como «coincidencias»: eventos aparentemente aleatorios que se entrelazan. Por ejemplo, piensas en alguien a quien no ves desde hace tiempo y al día siguiente te llama o te escribe justamente con la información que necesitabas. O tal vez necesitas algo y, antes de averiguar cómo conseguirlo, aparece como por arte de magia en el momento perfecto. Hace poco nos mudamos a las afueras y necesitábamos un segundo coche, pero, tras los gastos de la mudanza, comprar otro vehículo era impensable. No me lo podía creer cuando mi padre me llamó para decirme que se iba a comprar uno nuevo y que nos regalaba el suyo. Estas cosas tan bonitas también son señales del Universo.

- *Sueños*. A veces, las respuestas que buscas en la realidad te llegan a través de los sueños. Tener una libreta al lado de la cama o grabar notas de voz te puede ayudar a retener estas revelaciones vívidas y misteriosas de tu subconsciente.

- *Palabras repetidas.* Si la oyes más de dos veces, es una señal. Puede ser una conversación que escuchas por casualidad y que te dice justo lo que necesitabas oír, o varias personas recomendándote un libro que contiene la guía perfecta para tu situación. A veces es una frase en una canción que te habla directamente al alma. Todo esto son formas que tiene el Universo de comunicarse contigo a través de las palabras de los demás, repitiéndose hasta que prestas atención.

Si te cuesta ver las señales, puedes pedirle al Universo que te mande una en concreto. Aunque me encanta mirar el teléfono y ver que son exactamente las 2:22, a veces necesito algo más claro. En esos casos, tomo la iniciativa y le pido al Universo que me muestre una señal específica para esa manifestación en la que estoy trabajando.

Te recomiendo que respires hondo unas cuantas veces, vacíes la mente y conectes con tu deseo. Siéntelo en tu cuerpo como si ya fuera real. Luego pide al Universo que te muestre el símbolo que lo representa, para que cada vez que lo veas lo reconozcas como una confirmación de que estás en el camino correcto. Lo primero que te venga a la mente será la respuesta. Si no se te ocurre nada, pídele al Universo que te lo muestre a lo largo del día de una forma tan obvia que no puedas pasarlo por alto.

Yo he pedido señales tanto a nivel intuitivo como directo, y en ambos casos han funcionado de forma alucinante. Cuando estaba manifestando comprar mi primera casa, salí a caminar y le pedí al Universo una señal clara. Al girar la esquina, vi un águila calva posada en lo alto de un árbol. Era invierno y el ave, enorme, destacaba sobre las ramas desnudas. Vivía en Denver por aquel entonces, así que no era habitual ver águilas en plena ciudad. Me eché a reír y di las gracias. A partir de entonces, cada vez que me sentía ansiosa, aparecía una imagen de un águila: en un anuncio, en un camión, en el móvil.

Cuando tengas dudas, pide. El Universo está deseando ayudarte.

Confiar en el tiempo divino

Una de las mejores formas de transformar tu perspectiva sobre la espera es pensar en un momento en el pasado en que te sentiste igual y, aun así, todo acabó saliendo bien. ¿Recuerdas toda la energía que gastaste preocupándote? Nueve de cada diez veces, las cosas acaban saliendo mejor de lo que imaginabas, aunque de una forma completamente distinta a la que esperabas. La impaciencia y la ansiedad por no gozar aún de tu manifestación son señales para el Universo de que tú —y tu sistema nervioso— todavía no estáis alineados con eso que estás invocando. Recibirás tu manifestación en el momento en que estés listo para sostenerla. Punto.

Pasaron seis años desde que me divorcié hasta que empecé una relación con mi actual marido, Kevin. En ese tiempo, puse toda mi energía en intentar manifestar una relación. Me metí en todas las aplicaciones de citas, lo cual fue aterrador. Había estado con mi ex desde los 20, y para mí salir con alguien era tan simple como tener los mismos gustos musicales y ¡bum!, ya tenías novio. Pero al volver a la soltería a los 34, descubrí que aquello ya no funcionaba así. Nueva York se había convertido en un compañero de cama de lo más severo. Para sobrellevar los abandonos, los juegos de evasión y la sensación de no merecer amor, me volqué en mi práctica espiritual.

Asistí a talleres de Ho'oponopono, tantra, respiración, tarot, astrología y meditación. Hacía trabajo de sombras a diario con mi tarot y devoré libros de autoayuda, como los de Esther Perel. Escribía durante horas, repasando mis objetivos de pareja y sanando mi pasado para deshacerme de los bloqueos.

Me sentía como un bebé aprendiendo a caminar: daba unos pasos y me volvía a caer. Cuando estás en esa parte del camino, es difícil ver el progreso. Solo percibes lo lento que avanza todo. Recuerdo una charla de Starhawk, la reconocida autora feminista, en The Alchemist's Kitchen en el Soho. Con voz serena, nos recordó que la vida es una danza en espiral, que todo está conectado y que cada momento se construye sobre el anterior. Como una madre sabia, me habló directo al corazón y me dio justo el bálsamo que necesitaba.

Las pruebas del Universo no están diseñadas para que fracases

Me costó mucho ver que cada desastre de cita era un espejo que reflejaba el estado de mi sistema nervioso. Acabé adoptando la idea de que salir con alguien en Nueva York era una pérdida de tiempo, pero eso no era verdad. La verdad era que yo no estaba lista.

El Universo te manda señales, y también te manda pruebas. Pero, a diferencia de los exámenes del colegio, aquí no hay notas ni consecuencias permanentes. Aunque la palabra «prueba» suene amenazante, no lo es. Cuando estás haciendo trabajo consciente para cambiar tu vida, el Universo simplemente quiere comprobar si estás preparado para lo que pides. Las pruebas te ayudan a medir tu evolución y a ver si tu sistema nervioso está listo. No pasa nada si «suspendes»: te mostrarán lo que necesitas trabajar. Yo me considero una experta en suspender pruebas, y no me avergüenza decirlo.

Durante mis andanzas amorosas, me saltaba las alarmas de la intuición y daba oportunidades a personas que sabía que no eran para mí. En mi afán por conseguir lo que quería cuanto antes, ignoraba las señales y me aferraba al potencial de alguien en vez de mirar lo que tenía delante. Intentaba construir una relación sin haber hecho primero el trabajo interno. Con la culpa y la vergüenza que arrastraba tras mi divorcio, no me sentía digna de la relación que deseaba. Me machacaba por dentro, por lo que no era de extrañar que atrajera a personas que no me trataban con cuidado ni respeto. Las citas me dejaban agotada y desesperada, suplicándole al Universo que me enviara ya a mi persona.

La mayor prueba llegó dos años y medio después, cuando retomé el contacto con mi amigo Kevin, que hoy es mi marido. Habíamos sido amigos desde la universidad, pero nunca habíamos salido juntos. Por fin los dos estábamos solteros, pero él vivía en California y yo en Nueva York. Hablábamos casi a diario y las conversaciones empezaban a ser un coqueteo cada vez más directo. Aun así, yo seguía aferrada a la creencia de que el amor de mi vida estaba en Nueva York. Estaba tan ligada a la fantasía de conocer a alguien en la ciudad, tener una boda preciosa en otoño y mudarme a una casa restaurada en el Hudson Valley, que no me tomé en serio a Kevin. Me daba miedo. Convertir nuestra amistad en una relación era lo más aterrador que podía imaginar. ¿Y si no funcionaba? ¿Y si perdía su amistad? ¿Cómo iba a sobrevivir una relación a distancia? Me convencí de que no podía ser.

Huyendo de mis sentimientos, empecé a salir con otro chico que vivía en Nueva York. Era amigo de una amiga, llevaba un año queriendo quedar conmigo y yo siempre le había dicho que no porque era diez años más joven. Como formaba parte de mi círculo, me sentía segura y pensé que podía intentarlo. Aunque sabía que estábamos en fases distintas de la vida. Yo, con casi cuarenta, quería casarme, tener un hijo y comprar una casa. Él tenía 27 y probablemente no pensaba en nada de eso. Pero era dulce, insistente y me hacía sentir deseada tras años de citas frustrantes. Ignoré mi verdad y me esforcé por construir una relación. Lloraba todo el tiempo. Me sentía frustrada, enfadada, como si viviéramos en planetas distintos. Pero seguí adelante, forzando una conexión que no estaba ahí, y acabamos mudándonos juntos. Dejé de hablar con Kevin, avergonzada.

Después de casi tres años esperando a que aquella relación neoyorquina avanzara, tuve que admitir que había suspendido otra prueba. Había muchas similitudes entre esta relación y mi primer matrimonio; estaba repitiendo un patrón. Por fin me pregunté: «¿Qué podría estar haciendo con toda esta energía si no la malgastara en mantener viva esta relación?»; «¿y si la pusiera en mí misma y en mi carrera?»; «¿cuánto más iba a dejar mis sueños aparcados?». Mi cuerpo me pedía a gritos que me fuera. Y por fin reuní el valor para terminar. Mi pareja quedó destrozada —que te dejen siempre duele—, pero pude sentir su alivio por no seguir atrapado en una relación que tampoco era la suya.

Renunciar frente a rendirse

Romper con alguien me parecía rendirme, lo opuesto a lo que debía hacer si quería lograr mi manifestación; pero renunciar ante el Universo no es lo mismo que rendirse. Simplemente significa dejar de forzar una acción que claramente no está funcionando. Si te ves en esta situación, el lugar más fácil para empezar es hacer justo lo contrario de lo que has estado haciendo hasta ahora. Sabrás que ha llegado el momento de renunciar cuando el trabajo que estás invirtiendo en tu manifestación te deje triste, confundido o emocional y energéticamente agotado.

Durante la ruptura, escribí una carta de amor al Universo en la que le explicaba que no tenía ninguna prisa por estar en otra relación, pero que, cuando llegara el momento, me comprometía a estar preparada para lo que estaba pidiendo. Por fin fui capaz de ver con claridad que el hombre con el que había estado viviendo era otro espejo que reflejaba mis propios miedos a la intimidad y mi rechazo a la vulnerabilidad. Y, de repente, me sentí libre. Dejé de tener prisa. Ya no necesitaba desesperadamente una pareja. En su lugar, sentía curiosidad por aprender a abrir mi corazón de verdad y a dejarme ver por completo. En vez de preguntarme si yo era lo bastante buena para recibir amor, por fin me caló la idea de que también era yo quien podía decidir si la otra persona era buena para mí. Aceptarme a mí misma me enseñaría a no conformarme con quien solo me ofrecía migajas, y ese era un trabajo que solo podía hacer desde dentro. Se disipó el peso agobiante de cumplir los cuarenta y, por primera vez, dejó de tener importancia que mis metas vitales estuvieran atadas a unos plazos determinados.

Cuando por fin encuentras la pieza que faltaba del rompecabezas y llegas al momento de renunciar, la sensación es como la de encajar un cubo de Rubik. Puedes notar casi físicamente cómo todo hace clic. Rendirse ante lo que no puedes controlar es sinónimo de libertad, aunque te resistas con uñas y dientes. No podía creer lo rápido que empezó a fluir todo en cuanto dejé de intentar controlar una relación que no funcionaba. En cuestión de semanas, como por arte de magia, Kevin volvió a mi vida. No estaba enfadado conmigo por haber elegido a otra persona. Me dijo que llevaba veinte años esperando que yo lo viera como un compañero sentimental, y que el tiempo no importaba. Que estaba agradecido de que tuviéramos la oportunidad de amarnos en esta vida. Le pedí perdón, pero en realidad quien necesitaba perdonarme era yo misma.

Cuando me permití ser vulnerable y atravesar mis miedos a la intimidad, por fin fui capaz de ver a Kevin por lo que realmente era: la personificación de todo lo que llevaba tanto tiempo escribiendo en mis listas de manifestación y cartas de amor. Me di cuenta de que llevaba años manifestando a Kevin y que, cada vez que se acercaba a mí, yo lo alejaba. Eso es lo que hacemos con nuestras manifestaciones cuando no se parecen a lo que habíamos imaginado o cuando no estamos emocionalmente preparados para recibirlas. Vamos tras oportunidades y relaciones que no son más que los mismos exámenes y las mismas lecciones disfrazados de formas diferentes. Aprender a tener paciencia y confianza en el Universo es una parte del proceso de manifestación que uno no puede saltarse. Al entregarte a lo desconocido desde la renuncia, te estás convirtiendo en la persona que está lista para recibir su manifestación.

El trabajo de manifestación no consiste en conseguir lo que quieres; consiste en convertirte en una versión más madura, más evolucionada de ti mismo. Recibir tu deseos es solo una consecuencia del crecimiento personal. Este cambio de perspectiva te liberará de la necesidad de atar tu autoestima o tu felicidad a algo externo.

La buena noticia es que hay muchas formas de calmar la mente y ocupar el tiempo mientras estás en la sala de espera cósmica. En este capítulo vamos a alejarnos de nuestro papel de padres helicóptero sobreprotectores de nuestros deseos. En su lugar, vamos a adoptar la perspectiva del águila que sobrevuela la superficie de la tierra y encuentra la corriente perfecta de aire bajo sus alas para planear sin esfuerzo mientras observa lo que ocurre a su alrededor. Dudo mucho que el águila sufra de FOMO, sabe que sus necesidades se cumplirán en el momento perfecto y que no hay forma de que se le escape su oportunidad. Respira hondo, relaja la mandíbula y baja los hombros. Vamos allá.

Ejercicios de diario personal para hallar perspectiva

Cuando estamos demasiado cerca del centro de nuestra energía, no podemos alejarnos lo suficiente como para ganar perspectiva sobre la situación. Responde a las siguientes preguntas en tu diario para invocar a tu águila interior:

- ¿Qué emociones sentirías si tu deseo se hiciera realidad ahora mismo?
- Nombra tres formas en las que podrías acceder a esas emociones ahora mismo.
- ¿En qué podrías centrarte si no estuvieras tan pendiente de tu manifestación?
- Escribe tres cosas en las que podrías estar invirtiendo tu energía en su lugar.

Ejercicios de diario personal para renunciar

- ¿Qué es lo que más te frustra ahora mismo respecto a tu deseo?
- ¿Qué has estado haciendo para forzar tu deseo?
- Escribe tres cosas que podrías hacer que sean lo contrario de lo que has estado haciendo y que además te ayuden a aliviar la frustración.

- ¿Qué emoción aparece cuando piensas en hacer lo contrario o algo distinto con respecto a tu manifestación?
- Nombra tus miedos. ¿Cómo te sientes al escribirlos?

Arquetipos del tarot para cultivar la paciencia, la confianza y la rendición

No tienes que aprender a confiar en el Universo por tu cuenta. Tu práctica de tarot está aquí para acompañarte. Ten en cuenta los siguientes arquetipos del tarot como aliados para atravesar con consciencia los matices de la paciencia, la renuncia y la confianza mientras manifiestas tus deseos:

EL COLGADO (XII)

El Colgado es la carta definitiva de la paciencia y la perspectiva: nos enseña a apreciar cada pausa sagrada en la vida. Suele representarse como una figura suspendida boca abajo, pero no aparece alterada ni estresada por su situación. Hay en ella un aire de serenidad y aceptación, como si entendiera que esa pausa forma parte del proceso de renuncia que precede a la siguiente etapa del camino: la carta de La Muerte (XIII), donde se produce la transformación definitiva.

Si El Colgado aparece en tu lectura, no te desanimes. El período de espera es una invitación a cambiar tu perspectiva sobre las circunstancias y a observar qué energía estás llamado a encarnar antes de que se manifieste tu deseo. Medita con esta carta y pídele que te muestre qué está intentando enseñarte este tiempo de renuncia, y cómo puedes preparar tu sistema nervioso para atravesar la transformación que vendrá con La Muerte.

CUATRO DE COPAS

Los cuatro en el tarot están conectados con El Emperador (IV), la carta que representa la energía masculina o yang sana: ocupar más espacio y tomar acciones alineadas. Cada uno de los cuatros de los Arcanos Menores te invita a pasar a la acción para salir de la inercia. En el Cuatro de Copas, el personaje parece desinteresado ante las copas que tiene delante. Está tan centrado en lo que puede ver que se está perdiendo la cuarta copa brillante que le ofrecen por detrás. Cuando estamos demasiado absortos en nuestras circunstancias actuales o pasadas, olvidamos que lo que vemos en el presente es el resultado de manifestaciones anteriores.

Si el Cuatro de Copas aparece en tus tiradas, el trabajo que estás haciendo ahora en favor de tus manifestaciones futuras requiere paciencia y fe en que tus esfuerzos no están siendo en vano. El día que plantas la semilla no es el día que te comes el fruto.

CUATRO DE ESPADAS

Al igual que el Cuatro de Copas, el Cuatro de Espadas te invita a actuar para atravesar la incomodidad de la espera. Es una carta que nos recuerda que descansar es tan importante como actuar. Si eres de esas personas que se resisten a parar, puede parecerte insoportable bajar el ritmo, hacer una pausa y recuperar el aliento.

Cuando aparece el Cuatro de Espadas en tus lecturas, es una señal de que el descanso y el autocuidado son el mejor antídoto contra el exceso de pensamiento o las prisas por forzar al Universo. Deja que esta carta te enseñe a cultivar la paciencia en los momentos de calma.

NUEVE DE ESPADAS

El Nueve de Espadas es una de esas cartas que a nadie le gusta ver. Puede representar noches sin dormir, pensamientos acelerados y ansiosos, o darle vueltas una y otra vez al peor escenario posible. Si aparece en una lectura, suele ser para confirmar algo que ya sabes que está ocurriendo, aunque no te entusiasme que el Universo te lo recuerde. Pero la medicina de esta carta no anuncia desgracias futuras, sino que te está mostrando la realidad actual de tu paisaje mental.

Cuando se muestra, te invita a revisar tus pensamientos y creencias para buscar formas de encontrar paz, calma, paciencia y confianza. Los nueves marcan el final de un ciclo y esta carta te ofrece las claves para integrar la última pieza que te falta antes de recibir tu manifestación. Relájate: estás más cerca de lo que crees.

★   CARTAS PARA MANIFESTAR: ★

★ * **Encuentra perspectiva** * ★
y renuncia con El Colgado

Esta tirada está diseñada para ayudarte a cambiar de perspectiva mientras esperas que el Universo te entregue tu deseo. Cuando te enfocas en lo que no tienes, es fácil que pases por alto las señales sutiles que te muestran que en realidad estás mucho más cerca de lo que piensas. A veces cuesta ver cómo los acontecimientos que estás viviendo ahora están relacionados con tu manifestación, pero *a posteriori* todo se entiende mucho mejor. Aunque no sepas con exactitud cómo va a encajar todo, tu práctica de tarot puede ayudarte a descubrir que lo que vives ahora forma parte del camino hacia tu deseo.

Empieza esta tirada limpiando la energía de tu mazo. Golpéalo suavemente y respira hondo varias veces.

Formula la intención de recibir mensajes claros que te ayuden a encontrar perspectiva, paciencia y renuncia mientras atraviesas la sala de espera cósmica.

Antes de barajar, saca del mazo la carta de El Colgado y colócala boca arriba frente a ti o en tu altar. Pídele que te ayude a integrar su medicina mientras barajas.

Cuando sientas que es el momento, saca una carta para cada uno de los siguientes puntos. Déjalas boca abajo hasta haber completado la tirada entera:

- Carta 1: Una nueva perspectiva sobre este período de espera.
- Carta 2: Una forma de rendirte ante los misterios del Universo.
- Carta 3: Cómo cultivar la confianza durante este tiempo.
- Carta 4: Un mensaje sobre mi manifestación que me ayude a sentir calma y serenidad.

CLAVES DE INTERPRETACIÓN:

A veces las cartas ofrecen mensajes directos que resuenan de inmediato, y otras veces te dejan algo confuso. Por eso insisto tanto en la importancia de ejercitar tu intuición antes de consultar los significados clásicos. Date permiso para sentarte con tus propias respuestas. La intuición, igual que el Universo, no soporta las prisas.

Tómate tu tiempo para meditar con la Carta 1 y deja que tu intuición te guíe hacia las distintas formas en las que podrías cambiar tu perspectiva. Apunta en tu diario todo lo que surja. Fíjate en las imágenes de la carta y en lo que evocan en ti. ¿Qué colores predominan y qué sensaciones despiertan? ¿Hay personas o animales en la carta? ¿Qué están haciendo? ¿Hacia dónde miran?

Después, da la vuelta a la Carta 2. Esta carta te ofrece una guía sobre cómo rendirte a los misterios con los que el Universo se presenta para ayudarte a manifestar. Puede que sea una carta desafiante: intenta mantenerte receptivo ante su medicina. Observa lo que ocurre en la imagen, ¿qué emociones te despierta? Todo son pistas sobre el mensaje que tiene para ti.

La Carta 3 te aportará un apoyo adicional para confiar en el proceso y encontrar paz interior durante la espera. Fíjate si hay una historia entre estas tres primeras cartas. ¿Se comunican entre sí sus personajes o están de espaldas? ¿Aparecen Arcanos Mayores o varias cartas del mismo palo? Registra tus observaciones en tu diario y permite que tu intuición te guíe.

La Carta 4 te ofrece una luz de esperanza o un mensaje de aliento. Incluso si es una invertida o desafiante, evita imaginar el peor escenario posible. En vez de eso, deja que te recuerde tu creatividad innata y tu capacidad de resiliencia. Escribe en tu diario de qué formas puede estar animándote a apoyarte en tu fortaleza, a crecer y a recibir.

El proceso en acción

Es completamente normal experimentar todo tipo de emociones durante los períodos de espera. Cuando escribes una carta de amor al Universo, estás declarando tus deseos y haciendo tu pedido a las fuerzas cósmicas. El Universo no es un camarero que pueda equivocarse con tus alergias, traerte el plato que no era o perder tu pedido. Tu deseo no va a extraviarse en un almacén ni llegará dañada. Confía en el Universo con la misma certeza con la que confías en tu barista favorito: ese que se sabe tu pedido antes de que lo digas y que siempre te sorprende con un dibujito de espuma en tu café con leche de avena.

Cuando tengas dudas, o en cualquier momento en que sientas ansiedad o impaciencia con el Universo, vuelve a los ejercicios de diario personal y la tirada de tarot de este capítulo.

Capítulo 10

SIENTE EL MIEDO
Y HAZLO
DE TODOS MODOS

«Si pasas demasiado tiempo pensando en algo, nunca lo harás».

BRUCE LEE

GRAN PARTE DEL TRABAJO de manifestación consiste en desarrollo personal + dominio de la mentalidad + magia. Aunque buena parte del proceso es mental, el Universo depende de que tú entres en acción y actúes alineado con tus deseos. Como soñadora profesional a jornada completa, puedo vivir feliz en el mundo de la fantasía mágica «delulu», perdiendo horas jugando en el Universo brillante que existe dentro de mi cabeza. Si tú también eres así, quizá te conformes con habitar a salvo en las cavernas imaginarias, relucientes y cubiertas de cristales de tu propio mundo interior. Ahí no puede pasarte nada malo, pero tampoco cambia nada. Aun así, tenemos que existir en el mundo real, donde nuestros deseos físicos están siempre presentes.

El cambio puede resultar intimidante. Cuando comparas dónde estás ahora con dónde te gustaría llegar, los pasos intermedios no siempre están claros. Ese espacio liminal es justo donde está esperando la magia del Universo para ayudarte, pero la mayoría de las veces eres tú quien tiene que dar el primer paso. Así que ponte tu vestido deportivo rosa neón, canaliza a tu Serena Williams interior y vamos allá.

Acción alineada: monólogo en tres actos

A la hora de pasar a la acción en pos de tus manifestaciones, a menudo el mayor reto es saber por dónde empezar. Cuando tu objetivo es tan grande y apetecible, puedes quedarte bloqueado. ¿Cómo se escala esa montaña reluciente que se yergue frente a ti? Paso a paso, querido. Para simplificar esta parte del proceso, la dividiré en tres fases: comenzar, mantenerse y llegar con fuerza al final.

Cada una tiene sus propios retos y recompensas, pero el inicio suele ser lo que más nos frena. En lugar de lanzarnos a actuar, perdemos tiempo dudando de nosotros mismos, atrapados en el perfeccionismo y comparándonos con los demás. Nos pasamos horas mirando las redes sociales, observando a quienes ya han llegado a la cima, y pensamos que nosotros nunca lo lograremos. Nos decimos que no vale la pena intentarlo, porque ya hay demasiada gente haciendo lo mismo que queríamos hacer. Pero ver a otras personas logrando lo que tú deseas es una señal del Universo que te dice que eso también es posible para ti. Como cuando lanzan el ramo en una boda, te está diciendo: «¡Prepárate, que tú eres el siguiente!».

Sea lo que sea que estés manifestando —una carrera exitosa, un gran amor o algo totalmente diferente—, tienes que dar el primer paso para que la fiesta empiece. En el mundo de la manifestación, a eso lo llamamos «acción alineada». No es lo mismo que la energía frenética de quien lo intenta todo a la vez y acaba agotado sin avanzar. Al contrario: se trata de conservar tu energía para realizar pequeñas acciones intencionadas hacia tus metas, que activarán las fuerzas del Universo para impulsarte como una ola perfecta empuja a un surfista, llevándote adelante con la fuerza de todo el océano.

Cuando estás alineado con tu manifestación, el Universo conspira a tu favor y te abre puertas que ni siquiera sabías que existían. No necesitas tenerlo todo planeado ni esperar al momento perfecto —te hago un *spoiler*: el momento perfecto es siempre ahora—. Mantén la visión de tu manifestación. Pregúntate: «¿Qué pequeña acción podría hacer hoy en servicio de mis deseos?». Pista: seguramente implique decir que sí.

El poder del sí

La manifestación funciona cuando estás dispuesto a abrirte y a recibir. Di sí a las cosas que te acerquen a tus manifestaciones. «Las excusas son los obstáculos que impiden que ocurran los milagros; no bloquees tus bendiciones».

Si el negocio de tus sueños aún es solo una idea brillante en tu mente, ¿cuál sería una acción pequeña que puedes dar y que te lleve a hacerlo realidad? En vez de agobiarte con la logística, la web, la declaración de misión o los clientes potenciales, puedes empezar con algo simple y manejable: comprar el dominio, crear una cuenta en redes sociales, grabar un vídeo, abrir una cuenta bancaria… Di sí a una tarea que hasta ahora te parecía fuera de tu alcance.

Tus excusas para decir no revelan la dirección en la que te están esperando tus acciones alineadas. Cuando algo te da miedo, esa es tu señal cósmica para acercarte, no alejarte, y decir sí. Cada vez que te enfrentas al miedo diciendo que sí a algo que te asusta, el Universo también te dice sí a ti y comienza a revelarte los siguientes pasos del camino.

El poder del no

Tan importante como decir sí a las acciones que te asustan es aprender a decir «no». Muchos hemos sido educados para complacer a los demás, diciendo sí a cosas que en realidad no queremos hacer, por miedo al rechazo. Superar ese impulso es una práctica fundamental en tu trabajo de manifestación.

Yo solía responder siempre: «Claro, me encantaría ayudarte». Y eso me dejaba atrapada en un ciclo de complacencia que sacrificaba mi felicidad. Hacía bromas sobre ser siempre la amiga que cancela a última hora, porque en el fondo no quería salir ni hacer ese favor. Tenía tanto miedo de decepcionar a los demás, de enfadarlos o de que cambiaran su opinión sobre mí, que dejaba que pisaran mis límites una y otra vez. Poner las necesidades de los demás por encima de las mías solo me conducía al resentimiento. Me pasaba la vida entregando papeles protagonistas a otras personas, mientras me relegaba al rol de amiga servicial.

Decir no te enfrenta a tus miedos igual que decir sí. Cuando te niegas a algo que invade tus límites personales, estás diciéndole al Universo que estás listo para afrontar el posible rechazo y que vas a proteger lo que es sagrado para ti. La buena noticia es que quien no pueda aceptar y respetar tu negativa probablemente no forma parte de tu manifestación. Ser visto como el villano en la historia de alguien más puede ser duro, pero una parte del crecimiento consiste en aceptar que a veces vas a dejar atrás ciertas relaciones cuando empiezas a ponerte a ti mismo en primer lugar.

Por el contrario, puede que descubras que las otras personas aceptan tus límites mejor de lo que pensabas, que no era más que un problema en tu cabeza. Ahí está el punto de inflexión: atreverse a probar y ver qué pasa. Independientemente del resultado, la reacción de los demás cuando cuidas de ti mismo habla de ellos, no de ti. Y, por mucho que te esfuerces en complacerlos, eso no va a cambiar.

Hechizos breves para la alineación

Para ayudarte a empezar, haz una lista de síes y de noes alineados con tu manifestación. Por ejemplo: imagina que llevas tiempo queriendo escribir una novela, pero cada vez que te sientas a ello, tu móvil empieza a sonar sin parar. Te pasas la tarde hablando con un amigo que de pronto necesita toda tu atención, y tu portátil queda olvidado. Te justificas pensando que ha sido bonito estar ahí para alguien, pero también te sientes culpable por haber roto el compromiso que habías hecho contigo mismo. Estas pequeñas cosas son las excusas que usamos para sabotearnos. Así es como levantamos barreras entre nosotros y el Universo, impidiendo que nos ayude.

¿A qué distracciones necesitas decir no? ¿Y a qué puedes decir que sí en apoyo de tu sueño? Decir no a las distracciones puede activar tu miedo al rechazo, pero las personas que te quieren respetarán tu tiempo y tus límites. Y, si no lo hacen, el distanciamiento que se produzca será parte del proceso, creando el espacio necesario para que llegue tu deseo. Esto también te obligará a decir sí a superar la procrastinación y enfrentarte a ese inicio que da miedo, pero que también es excitante.

Todas las manifestaciones requieren el equilibrio entre estos dos conjuros poderosos: sí y no. Ambos son frases completas. No tienes que justificarte. Cuanto más los practiques, más fuerte será tu poder de manifestación.

No le des más vueltas a cómo empezar. Si te asaltan los «y si…», vuelve a estos dos términos simples pero cargados de poder: «sí» y «no». Así es como se atrapan esas olas aparentemente imposibles que están esperando impulsarte hacia tus manifestaciones.

Una vez que encuentras el valor y la motivación para empezar, el Universo empieza a abrir caminos, enviarte personas clave y crear circunstancias propicias.

Acto I: Los hechizos más pequeños te llevan al límite del crecimiento (reconoce la línea y atrévete a cruzarla)

Decir sí o no sin dar explicaciones despeja el camino para que descubras tu límite de crecimiento en cada situación. Esa línea invisible aparece siempre que haces algo nuevo y te topas con una tarea, una persona o una circunstancia que te empuja fuera de tu zona de confort. Aunque resulte incómodo, eso sucede para ayudarte a crecer y superar tus propios límites. Te pondré un ejemplo.

Cuando intentaba alquilar mi primer piso en Nueva York por mí misma, tuve que superar una serie interminable de obstáculos para que me aprobasen el alquiler del lugar del que me había enamorado. Confieso que estuve a punto de rendirme varias veces. Nunca había vivido sola y había dado por hecho lo fácil que era compartir las tareas de una mudanza con otra persona. No tenía ni idea de cómo funcionaban las compañías de suministros, la normativa de aparcamiento o el mundo inmobiliario en Nueva York.

Aprendí que, para poder alquilar el piso, necesitaba demostrar que ganaba al año cuarenta veces el alquiler mensual. No solo no tenía una nómina convencional, sino que me había mudado sin trabajo. Si quería ese apartamento, alguien tendría que firmar como aval. Me daba vergüenza pedírselo a mi hermana pequeña, que es farmacéutica, pero accedió encantada.

Otra de las muchas exigencias era presentar cartas de recomendación de varias personas con buena reputación. Me intimidaba el comité del edificio y me daba apuro pedirle ese favor a nadie. Avergonzada por necesitar ayuda, me sentía bloqueada, sin saber a quién acudir.

Mientras suplicaba ayuda al Universo, recibí de pronto un mensaje de una antigua clienta con la que no hablaba desde hacía meses. Decía: «Hola, Stef, ¿cómo estás? ¿Qué tal va NYC? Llevas días rondándome la cabeza y sentí que tenía que escribirte, aunque no sé muy bien por qué». Le conté que necesitaba ayuda con una carta de recomendación. Resultó que mi clienta era directora de una de las agencias inmobiliarias más importantes de Florida. Se echó a reír. Me dijo que no podía quitarse de encima la sensación de que, de alguna forma, debía echarme una mano. Gracias a su carta entusiasta, mi solicitud pasó al primer puesto de la lista y terminé siendo la primera inquilina de un edificio nuevo y reluciente frente al precioso McCarren Park, en el barrio de Greenpoint, Brooklyn.

Aunque el alquiler triplicaba lo que pagaba en Florida, sentí que el Universo me sostenía en ese proceso tan duro de comenzar una nueva vida como mujer divorciada en una ciudad enorme. El encargado del edificio incluso me ayudó a firmar y certificar mis papeles de divorcio, y me dio la mano mientras lloraba en mi apartamento vacío. No tenía ni idea de adónde me llevaba la vida, pero me sentí respaldada y acompañada en ese momento tan difícil. Estaba en modo supervivencia, dando un paso tras otro.

Tú también eres capaz de hacer cosas increíblemente difíciles. El Universo está esperando, dispuesto a ayudarte, cuando decides dar ese paso fuera de tu zona de confort.

Acto II: El mágico intermedio
(sigue adelante)

La segunda parte del proceso de acción alineada no tiene nada de glamuroso. He oído decir que es como el tramo aburrido de una maratón, cuando ya no hay nadie animándote. No soy corredora de fondo, pero después de haber escrito seis libros, te aseguro que el intermedio es el momento en que tienes que convertirte en tu propio equipo de animación.

Empezar un proyecto nuevo se parece mucho a una nueva relación: hay misterio e intriga. El inicio, una vez que superas el miedo y te lanzas, es un coqueteo. Pero, como ocurre con todas las cosas nuevas y brillantes, tan pronto como esa chispa empieza a apagarse, tienes que decidir si vas en serio o no.

Esta fase del proceso de manifestación se parece mucho a la sala de espera cósmica. Puede que no sientas señales claras del Universo, eso es porque ha llegado el momento de que te conviertas en tu propio animador. El mágico intermedio es la ocasión para que confíes en el Universo, creas en ti y te mantengas.

Cuando todo parece ir demasiado lento, es fácil dudar del proceso, sobre todo si ves que estabas manifestando algo y de repente se frena todo. Es normal. ¡No te asustes! Recuerda: la vida depende de la respiración. Cada inhalación necesita una exhalación. Si estás en una meseta, forma parte del ritmo natural de la manifestación. Puedes sentir la tentación de actuar por actuar solo para volver a sentir que avanzas, pero te darás cuenta de que ese tipo de acciones casi nunca están alineadas con tu manifestación, porque suelen nacer de la frustración, la impaciencia o la duda.

Por ejemplo, imagina que has superado tu miedo al rechazo y has solicitado el trabajo de tus sueños. Has tenido una o dos entrevistas estupendas, pero pasan las semanas y no tienes noticias. Quizá te veas tentado a empezar a mandar currículums a empresas que no te interesan, solo por la necesidad de recibir un sí definitivo. Si te sorprendes forzando acciones para obtener resultados inmediatos, rara vez vas a manifestar lo que deseas. En ese escenario, o bien espera con paciencia o bien busca claridad: haz lo que temes y manda un correo de seguimiento para reiterar tu interés.

Ese momento de espera es el intermedio mágico: cuando ya has hecho lo debido, pero aún no sucede nada. Otro ejemplo: crear un negocio. Mucha gente cree que basta con tener un buen producto o servicio, hacer una web bonita, preparar un lanzamiento y que los clientes llegarán como por arte de magia. A veces pasa, sí, pero la mayoría de los negocios no florecen inmediatamente. Hace falta tiempo, mimo y constancia para hacer crecer una comunidad y una marca. No hace falta forzar la marcha. Quédate en el juego confiando en ti y en tu autenticidad. Tu intuición te irá indicando si hay que ajustar algo: sigue esas corazonadas, por pequeñas que sean.

Las acciones alineadas son una cadena de pasos minúsculos que se acumulan con el tiempo. Cada paso, por diminuto que sea, cuenta. Haz una pausa y pregúntate: «¿Estoy actuando porque tengo miedo o ansiedad por la falta de resultados? ¿O porque siento una urgencia real?». A veces, la acción más alineada es simplemente tener paciencia.

En este punto, puede que incluso te entren ganas de tirar la toalla, porque parece que, hagas lo que hagas, nada funciona. Te lo ruego: no te rindas. ¿Y si supieras con absoluta certeza que lo vas a conseguir? ¿Te rendirías si supieras que tu manifestación está a un mes, una semana, o incluso un día de distancia? ¡Claro que no! Muchas barajas de oráculo incluyen una carta que dice algo como «no te rindas antes del milagro». A eso se refiere. El Universo sigue a tu lado, solo te está dando una oportunidad para que respires antes del próximo gran empujón. Encuentra maneras de mantener tu mente enfocada en tu destino, ten fe y confía en el ritmo de la vida. Lo que es para ti literalmente no se te puede escapar.

Durante estos intermedios mágicos, yo recurro a mi práctica de tarot para pedir apoyo y ánimo. También escucho pódcast inspiradores y leo libros motivacionales que reavivan mi fe en el Universo y en mi poder de manifestación. Los siguientes arquetipos del tarot encarnan la esencia de la acción alineada en la manifestación. Recurre a estas cartas cuando necesites motivación, impulso y ese empujoncito extra que te ayude a cruzar el umbral entre el miedo y la libertad.

Arquetipos del tarot para la acción alineada

EL O LE EMPERADOR (IV)

El Emperador es la energía masculina o yang en su forma más elevada, y es el complemento energético de la Emperatriz o le Emperatriz. Estas dos cartas del tarot simbolizan las inhalaciones y exhalaciones de la vida: una no puede existir sin la otra. En el tarot, y en la respiración, no hay asignación de género. (Para evitar cualquier connotación de género, esta carta puede llamarse también Le Emperador). Esta es la forma en que funcionamos para sobrevivir: atrayendo la vida hacia nosotros y luego respondiendo con una acción.

El Emperador es la máxima expresión de la energía masculina o yang sana, presente en cada uno de nosotros. Tradicionalmente representado como una figura masculina mayor sentada en un trono de piedra, es sabio, perspicaz y actúa con cuidado en lugar de con impulsividad. Cuando aparece en tu lectura, es momento de que te apoyes en tus propias cualidades divinas masculinas y actúes en favor de tus manifestaciones.

FUERZA (VIII)

La carta de la Fuerza nos enseña que la fortaleza puede adoptar muchas formas. Requiere madurez, suavidad y vulnerabilidad, igual que el trabajo de manifestación. En ella suele aparecer una persona cerrando suavemente la boca de un león. Ni el león ni la persona parecen amenazados o en peligro: ambos se sienten lo bastante seguros como para permitir esa escena tan improbable.

Cuando escribes tus cartas de amor al Universo, es probable que te sientas inclinado a tomar decisiones que en ese momento no tienen sentido. Te empujarán a atravesar el miedo y te conducirán hasta tus propios límites de crecimiento. La Fuerza es sinónimo de valentía: te recuerda que puedes con todo. Cuando aparece en una lectura, es tu señal de que ha llegado el momento de sentir tus miedos y hacerlo igualmente.

CINCO DE BASTOS

Cada uno de los cincos del tarot representa un tipo de desafío, una contracción antes de la expansión. Esta carta retoma el tema del yin y el yang, lo femenino y lo masculino, la inhalación y la exhalación, pidiéndote que superes una prueba relacionada con el elemento fuego, es decir, con la acción dinámica.

Aunque en las ilustraciones tradicionales se ve a cinco jóvenes peleando con bastones, eso no significa que para avanzar tengas que competir constantemente con los demás —aunque a veces lo parezca—. Una interpretación más moderna del Cinco de Bastos se centra en el aspecto creativo del palo. El fuego es pasión e innovación, y esas son cualidades que ya posees y que pueden ayudarte a avanzar en tu proceso de manifestación.

Cuando esta carta irrumpe en tu lectura, piensa en cómo puedes usar tu creatividad natural para atravesar el miedo y apoyar tu manifestación.

OCHO DE ESPADAS

Cada uno de los ochos de los Arcanos Menores está vinculado a la energía de la carta de la Fuerza (VIII). El Ocho de Espadas corresponde al elemento aire, es decir, al plano mental. Esta carta icónica muestra una figura atada, con los ojos vendados y rodeada de ocho espadas. Nos revela cómo dejamos que nuestros miedos, excusas y creencias nos impidan actuar alineadas con nuestros objetivos y sueños.

Cuando aparece en tu lectura, su mensaje es un enfrentamiento suave pero firme: lo único que te está manteniendo alejado de tu deseo eres tú. Ha llegado el momento de salir de tu zona de confort y dar un paso, por pequeño que sea. Silencia a tu crítico interior y actúa hoy. Cada paso que des, el Universo lo multiplica por diez.

NUEVE DE BASTOS

El Nueve de Bastos es la carta del «aguanta un poco más, estás a punto, ¡te prometo que valdrá la pena!». Cada uno de los nueves de los Arcanos Menores lleva la energía de El Ermitaño (IX), el gran solitario lleno de sabiduría y experiencia. Por esa asociación, hay un matiz de camino en solitario en los nueves. El Nueve de Bastos une esa sensación de individualidad con el fuego, y por eso te recuerda el último empujón necesario para conseguir lo que buscabas.

Cuando esta carta aparece en tu lectura, el Universo te dice que estás muy cerca de recibir lo que has pedido, así que no te rindas, aunque cueste. Puedes con todo lo que debas hacer para conseguirlo, y saldrás más sabio de la experiencia.

★   CARTAS PARA MANIFESTAR: ★

Tirada de tarot para atravesar el núcleo mágico con la Fuerza

Esta tirada está pensada para ayudarte a mantener tu visión y conservar la fe en ti y en el Universo mientras navegas los momentos más silenciosos del proceso de manifestación.

Saca la carta de la Fuerza de tu mazo.

Cierra los ojos, respira hondo unas cuantas veces y formula la intención de recibir mensajes claros sobre este intermedio mágico de tu proceso de manifestación.

Empieza a barajar el mazo. Cuando te sientas preparado, extrae una carta para cada una de los tres puntos siguientes. Recuerda dejar las cartas boca abajo hasta que hayas terminado de sacarlas todas:

- Carta 1: Una carta que represente en qué punto me encuentro ahora en mi proceso de manifestación.
- Carta 2: Una carta que me ayude a mantener la confianza y la fe en que el Universo y yo estamos trabajando juntos para hacer realidad mi deseo.
- Carta 3: Un mensaje de esperanza de parte de la Fuerza para ayudarme a calmarme cuando sienta miedo en este momento intermedio.

CLAVES DE INTERPRETACIÓN:

La primera carta te invita a reflexionar sobre tu progreso. Si aparece invertida, ¡no te asustes! Observa qué emociones y pensamientos surgen al verla así. Anótalos en tu diario y fíjate en la ilustración de la carta, en los colores, en qué dirección apunta la acción. ¿Mira hacia la Carta 2 o en sentido contrario? ¿Es un Arcano Mayor o Menor? Si es Menor, ¿a qué elemento pertenece? ¿Qué te dice ese elemento sobre tu viaje de manifestación? ¿Qué número tiene?

Los números del 1 al 10, tanto en los Arcanos Mayores como en los Menores, están relacionados entre sí. Piensa en cada uno de ellos como hitos cósmicos en este trayecto intermedio. Si sacas un Arcano Mayor con número entre el 11 y el 21, suma sus cifras para reducirlo a un solo dígito. Por ejemplo, La Muerte es el 13: $1 + 3 = 4$. Los números del As al Tres indican las fases iniciales del proceso; del Cuatro al Seis, el punto medio; y del Siete al Diez, la recta final, señal de que tu manifestación está cerca.

Después analiza la segunda carta, sus colores y la acción que representa. El número puede darte pistas sobre lo cerca que estás de recibir tu manifestación. El elemento te orienta sobre qué energía conviene reforzar para fortalecer tu confianza en ti mismo y en el Universo.

Si en la segunda o tercera carta aparece un Arcano Mayor, es señal de que hay una transformación importante en marcha, incluso si se trata de cartas como La Torre o El Diablo. ¡No hay cartas malas en el tarot! Con la Fuerza como ancla, todos los naipes de esta tirada te ayudan a conectar con tu fortaleza interior mientras te conviertes en la versión de ti mismo que está preparada para recibir tus deseos.

Acto 3: Olas de impulso y saltos cuánticos

Cuando llueve, diluvia. Aunque esta frase suele usarse para hablar de desgracias encadenadas, también puede aplicarse a la fuerza de arrastre de la magia de la manifestación. ¿Y si el chaparrón fuera una lluvia de abundancia? Enfrentarte a tus miedos y pasar a la acción es una forma segura de generar impulso. Y, a partir de ahí, es solo cuestión de tiempo que tu vida empiece a transformarse.

Yo viví esta cascada de magia manifestadora después de escribir mi primer libro, *Tarot guiado*. Mi editora en Penguin Random House me animó a preparar una propuesta para otro libro y a empezar a buscar agente. Pero yo aparté sus sugerencias de un manotazo, como si fuera Coco Gauff en el US Open: le dije que no tenía ideas para un nuevo libro, que no estaba lista para un agente, que me casaba, que me mudaba y que no era buen momento.

Dejé pasar un año entero. Después escribí mi segundo libro, *Guided Tarot for Teens*. Y otra vez, mi querida editora, Meg, me animó a preparar una idea propia y conocer a una agente. Tras más excusas, acepté por fin reunirme con la que ahora es mi agente, Kathy. Tenía tanto miedo de dar ese nuevo paso en mi carrera que se me había olvidado que tener una agente literaria llevaba años figurando en mis cartas de amor y mis listas de manifestaciones.

Fue un periodo muy loco, porque tenía tantas cosas ocurriendo a la vez que no me dio tiempo a pensar demasiado ni a bloquearme. En apenas cuatro meses, organicé una mudanza de California a Colorado, tuve una boda de ensueño, firmé con mi agencia, empecé a escribir una nueva propuesta y descubrí que estaba embarazada. En el mundo de la manifestación, eso se llama «salto cuántico». Es ese momento con el que todos sueñan: dar un paso y alinearte de golpe con tu línea temporal idónea. Es como si saltaras desde la línea en la que estás hacia la que deseas a la velocidad de la luz.

Conseguir todo lo que deseas de golpe es un subidón, pero también un impacto enorme de energía para el sistema nervioso. Por eso tantos ganadores de lotería dilapidan el premio y acaban igual que estaban. En un salto cuántico, es como si el Universo activara un interruptor y todo se acelerara a una velocidad desconcertante. Sientes que vas volando por el espacio sin nada a lo que agarrarte, y aun así todo encaja.

Cuando descubras esa acción que te alinea con tu línea temporal ideal, prepárate para moverte deprisa. Puede descolocarte, pero no dejes que eso te detenga. En esos momentos eléctricos, asumirás más de lo que creías posible y avanzarás más en unos meses que en años. Durante un salto cuántico, céntrate en cuidar tu sistema nervioso: descansa, cuídate. Ten presente que los ejercicios de tarot y trabajo de sombras de este libro te están preparando para tu propio salto cuántico.

El proceso en acción

A la hora de emprender acciones alineadas con tu manifestación, la clave es que cuanto más te enfrentes a tus miedos
y hagas aquello que llevas evitando, más se implicará el Universo para ayudarte. Cuando no sepas por dónde empezar o
qué hacer a continuación, haz inventario de todo lo que llevas
tiempo evitando y empieza por ahí. Eso puede significar tener
conversaciones difíciles, dejarte ver, compartir tus creaciones
antes de sentirte preparado, etc. Todo lo demás no es más que
trabajo de relleno que no contribuye tanto a tus manifestaciones como sentir el miedo y hacerlo igualmente. Tú puedes.

Capítulo 11

NOS VEMOS EN LA FIESTA DE DESPEDIDA

«Hoy acepto con alegría, placer y gratitud todo lo bueno
que la vida tiene para ofrecerme».

Louise Hay

Querido Universo:
¡Por fin ha ocurrido! ¡Mis visiones se han hecho reali-
dad y he manifestado mis sueños! Estoy tan emocionada y
agradecida que no podía esperar a contarte lo mágico que
ha sido todo...

¿PUEDES IDENTIFICAR EL MOMENTO EXACTO en que recibiste tu manifestación? Te recomiendo que lo dejes por escrito en tu diario o que le escribas una carta de gratitud al Universo para que puedas recordar todos los detalles de ese momento: cómo te sentiste, dónde estabas y cómo te enteraste. ¿Te pilló por sorpresa? ¿Recibiste una llamada, un correo, un mensaje o abriste una puerta y te encontraste con treinta de tus personas favoritas esperándote con una fiesta sorpresa? ¿Fue un estallido de confeti con vítores de la multitud incluidos? ¿O llegó de forma sigilosa, envolviéndote en silencio como una brisa cálida, y solo al mirar atrás te diste cuenta de que llevaba tiempo desplegándose ante ti? Si te identificas más con esta última opción, no estás solo.

La mayoría de las manifestaciones son el resultado de cambios internos y pequeños pasos alineados que se van acumulando con el tiempo, más que un gran terremoto que lo sacude todo como un salto cuántico. Aun así, cuando una manifestación se materializa de esa forma, a veces puede parecer anticlimática. Tal vez esperabas un final apoteósico digno de un programa de televisión, con una multitud chillando de fondo. Si nadie estuvo allí para coronarte con una tiara brillante, darte un ramo de flores y un cheque gigante, permíteme ser la primera en cogerte de las manos, saltar contigo de alegría y celebrarlo a lo grande. Es un momento muy importante, aunque estés en el sofá, en pijama, comiéndote unas sobras de pad thai.

Quizá te preguntes por qué recibir por fin lo que has estado manifestando puede parecer algo menor, en lugar del gran desenlace tras semanas, meses o incluso años de esfuerzo. La razón está en las formas tan sutiles en que el Universo ha estado trabajando contigo para ayudarte a normalizar el hecho de tener lo que deseabas. Este tipo de transformación interna desactiva el sistema nervioso al incorporar la neutralidad en la ecuación. Créeme: sentirte neutral respecto a tu manifestación es una señal *excelente*. De hecho, darte cuenta de que no tienes emociones especialmente intensas al respecto confirma que tu subconsciente ha aceptado que tener eso que deseabas es el siguiente paso lógico en tu camino. ¡Y eso sí que merece una celebración!

Lo he conseguido... ¿y ahora qué?

Todo tu esfuerzo ha dado sus frutos y ya no tienes que centrar tanta energía en manifestar ese deseo. Has conseguido ese ascenso, el anillo de compromiso o has encontrado la casa de tus sueños... ¿y ahora qué? ¿Qué haces con toda esa energía? Celebrarlo es la opción más obvia. Date tiempo para sentirlo de verdad en el cuerpo, comparte la buena noticia con tu gente o date algún capricho. Y, sobre todo, sé amable contigo mismo.

En todos estos años de trabajo con clientes, sigo sorprendiéndome de cómo impacta en las personas el recibir aquello que habían estado manifestando. Muchos se machacan por haber tardado tanto y ya están centrados en el siguiente objetivo sin permitirse integrar los cambios que han logrado. Les cuesta descansar, como si temieran perder el impulso y que eso afecte a sus metas futuras. Bajar el ritmo y relajarse después de manifestar algo puede resultar complicado.

Vemos esta misma dinámica en muchas personas que se jubilan. Mi madre lo hizo hace un par de años, después de trabajar durante veinticinco como terapeuta especializada en violencia doméstica, con una agenda llena de sesiones familiares y de grupo. Le costó muchísimo aceptar que su etapa profesional había terminado y que entraba en una nueva fase de descanso y tranquilidad. Tuvo que aprender a llenar su tiempo con actividades que le dieran alegría, sin estar en modo «rescate» todo el tiempo.

La manifestación puede resultar algo similar a esto después de un periodo de actividad intensa. Aunque hayas conseguido lo que querías, puede que sientas cierto duelo por lo que termina y por lo que comienza. Sé delicado contigo en esta etapa. Es perfectamente normal echar de menos cada una de tus versiones anteriores. Profundizar en tu práctica de gratitud te ayudará a conectar con el hecho de haber conseguido lo que buscabas y a transitar con más serenidad ese cambio entre la plenitud de tener algo que deseabas y el anhelo.

El duelo y la celebración pueden convivir; la vida es paradójica. Me alegra contarte que, ahora, con setenta años recién cumplidos, mi madre ha redescubierto su amor por el baile y por sus amistades. Llena sus días con clases de ballet, pilates y zumba. Cuando no está bailando, juega a las cartas con su grupo de amigas, brinda con *prosecco* o cuida de sus nietos. Por fin ha aprendido a relajarse, sabiendo que ya no tiene que resolverle la vida a nadie.

He hablado con muchas personas que, después de recibir su deseo, no se dan cuenta de que siguen en modo alerta. No saben cómo bajar el ritmo y saborear lo que han conseguido. Esto puede manifestarse como una necesidad constante de proteger lo logrado o como el temor de que todo se eche a perder en cualquier momento.

Si estás en plena transición entre la fase activa de manifestación y la del reposo, te recomiendo que escribas una carta de gratitud al Universo. Cuéntale lo increíble que es tener por fin eso que querías. Explica cómo te ha cambiado la vida, ¡y no escatimes en detalles!

Este ejercicio te ayudará a integrar las emociones que surgen al ver cumplido tu deseo. Las cartas de amor ofrecen perspectiva: te sacan del ojo del huracán y te colocan en lo alto, como un águila que otea desde el cielo. Con esa mirada sabia puedes ver con claridad todo el proceso que has atravesado, lo que ayuda a tu sistema nervioso a consolidar la experiencia para que puedas asentarte en ella con más calma. El hecho de que ya no tengas que esforzarte tanto para manifestar este deseo no significa que hayas perdido la capacidad de activar esa energía una y otra vez cada vez que quieras algo nuevo. Puedes descansar y disfrutar.

Perdona, pero esto *no* era lo que pedí

Es importante observar con realismo todos los aspectos de la manifestación, no solo los más divertidos y positivos. Puede que lo que hayas manifestado se parezca tan poco a lo que esperabas que ni siquiera te des cuenta de que ya ha sucedido. Es algo que veo mucho en mi trabajo con clientes y también lo he vivido en carne propia. Déjame que te lo explique.

Cuando recibes tu deseo, pero no logras reconocerlo, suele deberse a que no te ha aportado las emociones que habías proyectado en él: no te ha hecho sentir lo que estabas buscando. Un amigo de confianza, un lector de tarot o un terapeuta pueden ayudarte a procesar la decepción que surge cuando la realidad no encaja con tus expectativas. Si estás pasando por algo así, vamos a analizarlo juntos. Yo también he sentido esa tristeza que aparece cuando te das cuenta de que algo que anhelabas no resuelve tus problemas ni llena tus vacíos.

Date permiso para sentir toda la gama de emociones: tristeza, enfado, decepción..., lo que sea. Es sano sentirlo. Cuando te sientas preparado para escuchar lo que esas emociones quieren decirte, vuelve a esta sección y pregúntales qué vienen a enseñarte.

A continuación, te traigo una tirada de tarot diseñada para ayudarte a hallar los resquicios de esperanza que harán que dejes de buscar la felicidad en el mundo material y darte cuenta de que ya dispones de cuanto necesitas.

CARTAS PARA MANIFESTAR:

Tirada de tarot para el desapego en el proceso de manifestación

A veces, lo que has manifestado no cumple tus expectativas. En lugar de aferrarte a la decepción o al enfado, permítete sentir y observar lo que estás viviendo. El Universo está ahí, dispuesto a ayudarte a procesar esta experiencia, a refinar tus expectativas y a seguir avanzando.

Esta tirada de tarot te ayudará a tomar distancia del resultado para comprender dónde estaba el desfase entre lo que esperabas que tu deseo resolviera y lo que realmente ha ocurrido. Practicar el desapego es todo un arte: consiste en no tomarse las cosas de forma personal, en entender que no siempre obtenemos lo que queremos, pero sí lo que necesitamos.

Como siempre, respira hondo unas cuantas veces para resetear tu sistema nervioso.

Baraja el mazo con los ojos cerrados, marcando la intención de recibir mensajes claros, y saca una carta para cada una de los siguientes puntos, dejándolas boca abajo hasta tenerlas todas:

- Carta 1: La desconexión entre lo que esperaba y lo que recibí.
- Carta 2: ¿Qué quiere enseñarme esta situación sobre mi deseo?
- Carta 3: ¿Cómo hallar el resquicio de esperanza en esta situación y confiar en que sigo en el camino correcto?
- Carta 4: Algo por lo que estar agradecido que me ayude a reconectar con mis objetivos de manifestación.

CLAVES DE INTERPRETACIÓN:

Las Cartas 1 y 2 te mostrarán por qué necesitabas lo que has recibido, aunque no lo entiendas de inmediato.

La Carta 3 te señalará los beneficios de que las cosas hayan salido así, recordándote que, si eres capaz de soltar tus expectativas sobre cómo debería haberse manifestado, sigues plenamente en el camino.

La carta 4 te ayudará a recuperar el enfoque mostrándote algo por lo que agradecer esta situación para que puedas continuar.

Perdona, ¿y mi pedido?

A diferencia de los restaurantes, el Universo nunca se olvida de enviar tu pedido. Siempre está atento a la energía de tus deseos más profundos. Si tu deseo aún no ha llegado, no es porque estés siendo castigado. Como escribió Gabrielle Bernstein: «El Universo conspira a tu favor». No va a enviarte algo para lo que no estás preparado. Puede que aún estés en la sala de espera cósmica. El Universo funciona según un tiempo divino, no humano, incluso si llevas años esperando. Si tu deseo aún no ha llegado, hazte estas preguntas:

- ¿Es este mi deseo realmente la mejor opción para mí?
- ¿Es posible que haya algo aún mejor que no quiero ver porque estoy demasiado apegado a esta idea concreta?
- ¿Estoy dispuesto a soltar mis expectativas y permitir que el Universo me sorprenda con el cómo y el cuándo?
- ¿Está mi sistema nervioso preparado para esta mejora vital? Si no lo está, ¿qué puedo hacer para prepararme?

Contéstate con amabilidad, ya sea mentalmente o escribiéndolo en tu diario. Puedes sacar una carta de tarot para cada pregunta y ver qué información intuitiva se despliega. No hay nada de malo en el punto en el que estás ahora mismo respecto a tus manifestaciones. Estás exactamente donde debes estar. No puedes perder lo que está destinado a ser tuyo. Recibirás tu deseo en el momento perfecto, cuando estés abierto y preparado para recibirla.

Cuando me mudé por primera vez a Nueva York, me propuse manifestar una agente literaria y un contrato editorial para *Void of Course*, el proyecto de memorias con el que siempre había soñado. Estuve meses escribiéndolo, contraté a una amiga con experiencia editorial para que revisara el manuscrito y pasé otras seis semanas armando mi primera propuesta de libro. Me sentía perdida tras haber dejado atrás mi vida en Florida y ese proyecto me dio una dirección y un propósito. Eso hizo que me exigiera aún más. Tenía que demostrar —a mí misma y a todos los que había dejado atrás— que no era una mujer desquiciada empeñada en destruir su vida. Mandé la propuesta a varias agentes y una de ellas mostró interés. No podía ni comer ni dormir. Estaba tan nerviosa, emocionada y curiosa por saber qué pensaría de lo que había escrito.

Después de varias semanas angustiosas, me rechazó. Toda mi energía se desinfló de golpe. Me quedé hecha polvo. Mi primera reacción fue de rabia y tristeza. Mi ego se sintió herido porque nadie había considerado que mi historia merecía apoyo, y me enfadé por haber invertido tanto tiempo y empeño en algo que no llevaba a ninguna parte. ¿Para qué tanto esfuerzo? ¿Por qué había sentido con tanta certeza que ese era el camino? ¿Por qué todo había encajado al principio y luego se había detenido bruscamente? Había superado el miedo a ser juzgada —atreviéndome a compartir mi trabajo con profesionales y diciéndole al Universo que estaba lista para ser autora—, y de pronto, silencio.

Me sentía confundida. ¿No se supone que atravesar el miedo acelera la manifestación? Sí, pero solo si estás alineado con lo que quieres y realmente preparado para recibirlo. Eso es lo que significa convertirse en un «igual energético de tu manifestación». El Universo me estaba mostrando que mi carrera literaria iba por otro camino. Aún no vibraba en la misma frecuencia que esa manifestación, pero aquella experiencia me abrió los ojos y me devolvió al primer paso: aclarar mis intenciones.

Cuando te rechazan, también puedes oír dentro de ti una voz que susurra: «No te rindas». En mi caso no hubo tal voz. Mi intuición me decía que no era el momento adecuado, por mucho que yo deseara cerrar un contrato para ese libro. Era hora de mirar hacia dentro y sanar, no de seguir empujando. Si estaba dispuesta a tirar la toalla tras un solo rechazo, mi sistema nervioso no estaba preparado para que me publicaran.

Con el corazón encogido, aparqué ese sueño y le pedí al Universo que me mostrara el camino, aunque fuera más largo del que yo imaginaba. Cuando dejas de imponerle plazos al Universo y permaneces abierto a lo que la vida te ofrece, te abres a una aventura épica. Canaliza la energía de Frodo aceptando su misión en *El señor de los anillos*. Atrévete a adentrarte en lo desconocido con propósito, curiosidad y flexibilidad.

Esa aventura me llevó a autopublicar mi primera baraja de tarot, luego a crear una web y contenidos en redes sociales para promocionarme. Pero pronto me di cuenta de que esconderme detrás de una cuenta de Instagram no era suficiente. Tuve que volver a salir de mi zona de confort y empezar mi carrera como lectora profesional de tarot y astróloga. Empecé atendiendo consultas presenciales en distintos espacios de Brooklyn, lo que me llevó a impartir talleres y, finalmente, a cumplir mi sueño de escribir libros. Un año después me animé a solicitar un puesto como redactora de horóscopos mensuales para Dame Products, lo que me abrió las puertas a colaborar con medios digitales como Elite Daily, Well + Good, The Everygirl y Refinery 29. Cada paso construyó el siguiente, hasta que acabé escribiendo libros, como había querido desde el principio.

Confía en que tu camino también se revelará cuando tú te veas preparado para recibir tu misión divina.

El rechazo es protección y redirección

Recibir la carta de rechazo de la agente literaria fue un golpe durísimo que me sumió en una espiral de dudas. ¿Sería una escritora horrible? ¿Me habría equivocado al dejar mi trabajo como peluquera? ¿Alguna vez conseguiría triunfar creativamente? Salir de la zona de confort y dar pasos alineados para luego encontrarse con un portazo duele. Permítete sentir ese dolor y luego recuérdate que, si no funcionó, o bien no era el momento adecuado, o bien el Universo tiene algo aún mejor para ti.

No dejes que el rechazo te aparte de tus sueños. Deja que te ayude a reorientarte preguntándole al Universo: «Si no es eso, ¿entonces qué tienes preparado para mí?». Me encanta pedirle al Universo que me ayude a retomar el rumbo cuando me encuentro con un muro en mi práctica de manifestación. Suelo recurrir a mi baraja de tarot en busca de apoyo.

Trabajar con la siguiente tirada me ayudó a ir más allá del dolor de mi ego y darme cuenta de que no estaba preparada para publicar ese libro. Aprendí que lo mejor que podía hacer en ese momento era centrarme en lo que de verdad me ilusionaba y apasionaba: el tarot. Fue entonces cuando decidí dar un giro y empezar a ilustrar la primera edición de *Moon Void Tarot* como proyecto personal de sanación.

CARTAS PARA MANIFESTAR:

Tirada de tarot para la redirección

Cuando te enfrentes a un rechazo y necesites redirigir tu práctica de manifestación, coge tu mazo de tarot, respira hondo unas cuantas veces para despejar la mente y renovar tu energía. Empieza a barajar y saca una carta para cada una de las siguientes preguntas. Recuerda dejarlas boca abajo hasta haber sacado todas.

- Carta 1: ¿Qué me puede enseñar este rechazo?
- Carta 2: ¿Qué no estoy viendo que podría ayudarme a entender por qué esto no era lo mejor para mí?
- Carta 3: ¿Cómo puedo seguir adelante sin tomármelo como algo personal?
- Carta 4: ¿Qué puedo hacer para volver a encaminarme hacia mi objetivo?

Pregúntale a tu corazón si aquello que estás intentando manifestar es realmente lo mejor para ti en este momento, o si en realidad necesitas otra cosa. El Universo te quiere y desea lo mejor para ti. Déjate cuidar por él en estos momentos. Siempre puedes volver a empezar.

Arquetipos del tarot para disfrutar de la celebración

Las siguientes cartas de tarot están relacionadas con el momento de recibir lo que buscabas. Puede parecer una celebración llena de júbilo por haber conseguido lo que querías, pero también puede ser decepcionante o dejarte frío. Incluso puede surgir una presión por mantener el impulso y lanzarte a manifestar lo siguiente sin dar tiempo a tu sistema nervioso para descansar y reajustarse. Sea cual sea tu estado, trabaja con estos arquetipos para integrar todo lo que has recibido.

EL MUNDO (XXI)

El Mundo

La última carta de los Arcanos Mayores, El Mundo, es la culminación del viaje de El Loco. Esta carta te recuerda que todo final es un nuevo comienzo y que está bien tener sentimientos encontrados respecto al proceso y al desenlace.

Cuando El Mundo aparece en tu lectura, te avisa de que puedes relajarte y descansar una vez que hayas recibido lo que pedías. Todo lo que has vivido formaba parte del camino, y eres digno merecedor de todo lo bueno que hay en tu vida. También señala que este no es el final de tu historia, sino el inicio de una nueva aventura.

CINCO DE COPAS

Normalmente asociada al duelo, el Cinco de Copas actúa como un toque de realidad cuando nuestros deseos no cumplen con las expectativas. Como los cincos son el punto medio entre el As y el Diez, si esta carta aparece en tu lectura es una señal del Universo y tu intuición de que, aunque parezca que ya has manifestado tu deseo, ¡aún no has terminado! Esto se debe a que tus emociones están alineadas con la insatisfacción o el rechazo, y tus sentimientos son indicadores muy poderosos de en qué punto te encuentras en el viaje de la manifestación. Tal vez sea hora de redirigir la energía, pero no te rindas. Siente tus emociones y luego pídele al Universo que te ayude a volver a centrarte.

DIEZ DE COPAS

Carta alegre por excelencia, el Diez de Copas suele mostrar una familia feliz, arcoíris y diez copas relucientes que representan la materialización de todos tus deseos. Cada Diez de los Arcanos Menores está vinculado a la carta de La Rueda de la Fortuna (X) en los Arcanos Mayores. Los dieces en el tarot nos hablan de la culminación del viaje dentro del elemento correspondiente. En el caso de las copas, el elemento es el agua, que simboliza la respuesta emocional a la manifestación.

Cuando aparece el Diez de Copas, es momento de expresar tu entusiasmo y alegría. Es probable que tu deseo ya se haya materializado o esté a punto de hacerlo. Presta atención a las señales que lo indiquen. Busca formas de descansar y relajarte, permitiendo que esas emociones positivas te inunden con cariño. ¡Es buen momento para celebrar y compartir las buenas noticias!

DIEZ DE OROS

El viaje de los oros está relacionado directamente con la abundancia
material, por lo que el Diez de Oros
representa el punto más alto del éxito
financiero. Tradicionalmente, esta carta muestra varias generaciones y puede asociarse con la creación de riqueza
generacional, herencias o estabilidad
económica. El Universo está lleno de
sorpresas y la abundancia puede lle-
garte de múltiples maneras.

Cuando esta carta aparece en tu lectura, observa todas las
formas en las que ya eres abundante y mantente abierto a la
fuente inagotable de bienestar que fluye hacia ti. Todos los
dieces también indican un momento de evolución importante justo antes de entrar en el territorio de las cartas de la corte.
El Diez de Oros es una carta de mejora vital significativa:
confía en que estás recibiendo tu manifestación porque estás
preparado para sostenerla.

Más allá de la Ley de la Atracción

Encontrar tu voz para manifestar va mucho más allá de
dominar la Ley de la Atracción. Aunque sea la más conocida,
no es la única ley universal. Este libro no estaría completo sin
mencionar las doce leyes del Universo. Ya he hecho alusión a
algunas, pero todas pueden ayudarte a manifestar tus deseos
y vivir alineado con el propósito de tu alma.

Al igual que el tarot, estas leyes parten de una filosofía espiritual más que de una ciencia exacta, y pueden aplicarse a tus

circunstancias particulares. Comprenderlas e integrarlas en tu práctica espiritual puede aportar equilibrio y coherencia a tu vida, además de ayudarte a manifestar tus sueños. Aprender a atravesar la adversidad, a aceptar los contratiempos y a reconocer las lecciones y bendiciones en cada situación es la clave de la felicidad. Cuando fui capaz de comprender cada uno de estos principios, me resultó mucho más fácil relativizar y dejar de tomarme tan a pecho cada curva del camino.

1. Ley de la Unidad Divina

Esta primera ley del Universo es el gran quid de la comunidad espiritual. Según ella, todo está conectado, todos estamos hechos del mismo polvo de estrellas y somos uno.

2. Ley de la Vibración

Esta ley introduce el concepto de que todo vibra a una determinada frecuencia. Si trabajas para elevar tu vibración, te abres a personas y situaciones que vibran más de lo que tú jamás has experimentado. En cambio, si vibras a una frecuencia menor, atraerás personas que también vibran a una frecuencia igual de baja.

3. Ley de la Correspondencia

Como es arriba, es abajo. Como es dentro, es fuera. Esta ley es clave y nos dice que nuestro estado interior se refleja en nuestra realidad externa. Si estamos en paz con nosotros mismos, estaremos paz con nuestro entorno.

4. Ley de la Atracción

Lo semejante atrae a lo semejante. Atraes constantemente situaciones y experiencias según tu propia energía. Similar a la Ley de la Vibración, es la parte activa del proceso de manifestar en tu realidad física aquello que está alineado con lo que deseas.

5. Ley de la Acción Inspirada

Esta es en esencia la parte de acción alineada de la manifestación y el logro de tus metas. Para manifestar tus deseos, debes emprender acciones que te fuercen a salir de tu zona de confort.

6. Ley de la Transmutación Perpetua de la Energía

Puedes cambiar tu energía en cualquier momento. Recuerda lo que te decían en clase de ciencias de que la energía no se crea ni se destruye, solo se transforma. Piensa en esto cuando tengas un mal día: puedes transmutar tu energía negativa y cambiar el chip cuando quieras. ¡Es aquí donde tu práctica de gratitud puede ayudarte!

7. Ley de Causa y Efecto

También conocida como «ley del karma»: cosechas lo que siembras. Toda la bondad que ofrezcas al mundo te será devuelta, de la misma forma la energía negativa puede volver a ti. Como dijo Louise Hay: «Si le robas a la vida, la vida te robará a ti».

8. Ley de la Compensación

Encajando con la anterior, esta ley te garantiza que todo lo que entregas te será devuelto, a veces de formas inesperadas. El Universo siempre encuentra cómo darte lo que necesitas de un modo extraño, ¡así que permite que tus necesidades sean cubiertas de maneras imprevisibles!

9. Ley de la Relatividad

Si todo es relativo, tu perspectiva cambia según tus experiencias y circunstancias. No es absoluta. Cuando logras cambiar de perspectiva, puedes transformar tu vida al instante.

10. Ley de la Polaridad

Esta ley nos enseña el regalo que es la polaridad: conocer lo que no queremos nos ayuda a descubrir lo que sí queremos. Entender que no hay luz sin oscuridad puede ayudarte a valorar de un modo más profundo los dulces momentos de la vida.

11. Ley del Ritmo

Esta ley divina nos muestra que la vida no es lineal al desplegarse. El Universo trabaja según una serie de contracciones y expansiones, todo se mueve en ciclos: nacimiento, muerte y renacimiento, para que podamos evolucionar.

12. Ley del Género

Ojalá tuviera un nombre distinto, pues no tiene que ver con la expresión sexual. Sin embargo, nos recuerda que todo en el Universo posee cualidades masculinas y femeninas, que nuestro ser entraña ambos poderes. El Universo tan solo quiere que reconozcamos esta poderosa dualidad presente en la naturaleza y en cada uno de nosotros para que sepamos cuándo debemos invocar las fuerzas masculinas de la acción y la asertividad y cuándo valernos de nuestras energías femeninas de la receptividad y el magnetismo.

Vuelve a estas Doce Leyes Universales cuando busques orientación extra o una nueva perspectiva en tu viaje de manifestación.

Capítulo 12

EL FINAL ES EL PRINCIPIO ES EL FINAL

«Cuando amamos, siempre aspiramos a ser mejores de lo que somos.
Cuando aspiramos a ser mejores de lo que somos,
todo a nuestro alrededor mejora también».

Paulo Coelho

No importa cómo haya ocurrido, lo importante es que ¡ha ocurrido! Has hecho el trabajo. Has estado ahí para ti mismo, te has enfrentado a tu sombra, has sanado y te has expandido para convertirte en esa versión de ti que posee lo que desea. Has comprobado que es posible cambiar tu vida, asumir mayores responsabilidades y convertirte en mucho más de lo que creías posible. Ahora ha llegado el momento de confiar en que puedes hacerlo una y otra vez.

Inevitablemente, empezarás a tener nuevos anhelos y sueños. Tu intuición siempre te avisará cuando sea hora de hacer cambios; no se puede huir de los deseos del alma. Ahora que ya conoces los pasos y has recorrido el proceso, puedes aplicar este trabajo siempre que lo necesites y sobre cualquier aspecto de tu vida. Este libro está aquí para acompañarte cuando sientas ese anhelo profundo de algo más. De hecho, los apéndices que vienen a continuación te ofrecen múltiples guías de consulta para profundizar en tu práctica del tarot, además de una amplia selección de tiradas sobre distintos temas relacionados con la manifestación.

Mi intención con este libro es ayudarte a reconocer y a creer de verdad en el poder que hay en ti. Tu alegría en esta vida importa. A veces puede parecer injusto tener tantos recursos y bendiciones cuando buena parte del mundo sufre. Pero tu compromiso con tu propia sanación y con vivir tu propósito cósmico a través de la manifestación de tus deseos es, en sí misma, una expresión de la Ley de la Unidad Divina. Cuando elevas tu vibración, estás contribuyendo al bienestar del mundo.

Por eso es tan importante sanar todo aquello que te impide vivir tu mejor vida. Además de sanar tus propias heridas y tu linaje familiar, estás influyendo en la energía del planeta. Cuantos más recursos tengas, más tendrás para ofrecer. Tu capacidad de impacto es mucho mayor de lo que imaginas.

Por eso la manifestación es mucho más que conseguir lo que deseas. Es, en realidad, convertirte en quien siempre estuviste destinado a ser.

Gracias por haberte mostrado vulnerable conmigo. Te deseo todo el amor, el apoyo y el éxito que el Universo pueda derramar sobre ti.

APÉNDICE A

*Guía rápida del tarot desde la perspectiva
de la manifestación*

CUANDO APRENDÍ A LEER EL TAROT por primera vez, hace más de veinticinco años, Internet no estaba todavía muy extendido y en mi conservadora ciudad de Florida no había tiendas esotéricas. Los recursos que explicaban qué eran aquellas misteriosas cartas eran muy limitados. Solo contaba con la críptica guía que venía con mi primera baraja Rider-Waite-Smith, que no resultaba de gran ayuda para una adolescente de catorce años que apenas había visto mundo. Aquellas descripciones anticuadas me parecían confusas y demasiado limitadas, sobre todo en el caso de las Figuras de la Corte. Así que empecé a fijarme en las ilustraciones, los colores y las posturas corporales de los personajes y les dejaba que me hablaran, sin saber que, en realidad, ya estaba usando mi intuición y desarrollando mi propio estilo de lectura de tarot.

En aquella época no había ninguna presión por convertirse en experta ni por monetizar esta habilidad. Simplemente me gustaba pasar tiempo con mis cartas, extenderlas por el suelo y ver cuáles me llamaban la atención. Eso me permitió crear una relación con ellas en la que me sentía cómoda y segura. Y eso es precisamente lo maravilloso de leer el tarot: cualquiera puede hacerlo y nadie lo hace mejor que el resto. Encontrar tu propio estilo es cuestión de práctica. Cuanto más interactúes con tu mazo, más profunda será la conexión que desarrolles.

Siempre recomiendo dejarse guiar por la intuición a la hora de sacar cartas, pero tener una base sólida de significados también puede enriquecer muchísimo tus lecturas. Leer el tarot es como preparar una tarta: aunque la repostería tenga una base científica exacta, no hay límites para la creatividad que cada persona puede poner en el diseño y decoración de su obra maestra. Igual que un delicioso pastel de capas, tus lecturas son conversaciones complejas con el Universo que tendrán siempre un sabor único y personal.

Como este libro propone trabajar con el tarot desde una perspectiva de manifestación, tanto si eres principiante como si ya llevas tiempo haciéndolo, puede serte útil contar con una guía rápida a la que acudir para interpretar las tiradas que encontrarás en estas páginas, así como en tus prácticas más allá de ellas. Aquí te presento un resumen sencillo de los conceptos básicos más importantes del tarot, que incluye los temas principales de los Arcanos Mayores, los elementos y palos de los Arcanos Menores, las Figuras de la Corte y algunos consejos prácticos para interpretar tiradas y leer cartas invertidas.

El tarot, los Arcanos Mayores y el viaje de El Loco

Las barajas de tarot tradicionales constan de 78 cartas. Las primeras 22 forman los Arcanos Mayores, que van del 0, El Loco, al XXI, El Mundo. Cuando estas cartas aparecen en tus lecturas, suelen indicar eventos vitales importantes y tienen un peso mayor que las 56 cartas restantes, conocidas como Arcanos Menores o «cartas numeradas».

El viaje de El Loco a través de los Arcanos Mayores se alinea a la perfección con la energía de personaje principal que estás aquí para encarnar. El Loco representa el comienzo, y empezar algo nuevo da vértigo, pero es así como tú, al igual que él, aprendes a bailar con el Universo y a manifestar tus sueños.

Aquí tienes una guía rápida con palabras clave tradicionalmente asociadas a cada carta, junto con su conexión con el proceso de manifestación.

Guía rápida de los arcanos mayores

0. El Loco: Nuevos comienzos, libertad, asume riesgos, salta y aparecerá la red.

1. El Mago: Manifestación, creación, trabaja con el Universo para crear tu realidad.

2. La Sacerdotisa: Intuición, autoconocimiento, confía en tu guía interior, tienes las respuestas dentro.

3. La/Le Emperatriz: Recepción, creatividad, maternidad, energía femenina/yin, magnetiza tus deseos, atrae en lugar de perseguir.

4. El/Le Emperador: Acción, poder personal, autoridad, energía masculina/yang, actuar alineado con tus metas.

5. El Hierofante: Enseñanza, tradición, aprendizaje, matrimonio, compromiso, el maestro aparece cuando el alumno está listo, busca una mentoría y traza tu camino hacia la verdad de tu alma.

6. *Los Enamorados*: Relaciones, alineación, elección, equilibrio sano entre energías masculina y femenina, elige el amor divino en cada situación.

7. *El Carro*: Acción inspirada, impulso, prepara una estrategia o plan antes de actuar.

8. *La Fuerza*: Supera obstáculos, fortaleza, perseverancia, dirige tu energía hacia tus metas y no hacia tus obstáculos.

9. *El Ermitaño*: Soledad, sabiduría interior, busca dentro las respuestas en lugar de implicar a otros.

10. *La Rueda de la Fortuna*: Ciclos, cambio, suerte tras la dificultad; situaciones divinamente guiadas que te ayudan a avanzar, aunque no lo entiendas del todo.

11. *La Justicia*: Verdad, equilibrio, asuntos legales; confía en que el Universo reequilibra la balanza, el karma no es tu responsabilidad.

12. *El Colgado*: Espera, suspensión, cambia de perspectiva para encontrar paz interior, paciencia y gratitud por el tiempo divino.

13. *La Muerte*: Renuncia, transformación, liberación, renacimiento, deja ir lo que no sirve a tu camino.

14. *La Templanza*: Moderación, sincronía divina, céntrate en lo que puedes controlar, confía en que el Universo traerá tus manifestaciones cuando y como corresponda.

15. *El Diablo*: Adicciones, autosabotaje, malos hábitos, evasión, apego a la opinión de los demás o a controlar lo ajeno.

16. *La Torre*: Ruptura, cambio repentino que busca liberarte, cada colapso lleva a un renacer.

17. *La Estrella*: Esperanza, fe renovada, sanación, cree que tus sueños son posibles, déjate ver y brillar.

18. *La Luna*: Sueños, ilusiones, sombras, lo oculto sale a la luz, trabajo con el inconsciente.

19. *El Sol*: Claridad, optimismo, la luz tras la noche oscura del alma, entusiasmo renovado.

20. *El Juicio*: Despertar, aceptación del pasado, suelta viejas versiones de ti, perdona, abraza la vida tras tu despertar espiritual.

21. *El Mundo*: Cierre exitoso, todo final es un nuevo comienzo, integración de aprendizajes, gratitud por el camino recorrido.

Consejos para interpretar los Arcanos Mayores

Indicadores de grandes cambios. A veces notarás que aparecen muchas cartas de los Arcanos Mayores en una misma lectura: ¡esto es importante! Es la forma que tiene el Universo de avisarte de que estás en medio de un proceso de cambio significativo, aunque no lo parezca desde fuera. Muchas veces esos cambios están ocurriendo en tu interior, de forma sutil. Pero estén donde estén, las cartas te están hablando, ofreciéndote guía y apoyo. Recuerda que el cambio, aunque incómodo, es parte esencial del crecimiento, sobre todo en tu camino de manifestación. Como dice el estoico contemporáneo Ryan Holiday: «El obstáculo es el camino».

Fíjate en lo que sientes cuando ves una carta. Una parte fundamental de leer el tarot es observar qué sientes justo en el instante en que das la vuelta a una carta. Es fácil pasar por alto ese momento porque tendemos a lanzarnos de inmediato a buscar el significado. Pero esa reacción inicial, por breve o sutil que sea, buena o mala, está conectada con tu intuición y con aspectos del inconsciente que quieren salir a la luz. Muchas personas evitan tirar las cartas cuando están desbordadas porque temen encontrarse con mensajes difíciles. Es normal: yo también he tenido días en los que solo quería que mis cartas me dijeran que soy preciosa y que el Universo me va a agasajar con cosas bonitas. Pero, cuando más lo necesito, sé que su sinceridad me lleva al trabajo interior que me permitirá sanar y acercarme a mis sueños.

Los Arcanos Menores: aprovecha los pequeños momentos del día a día

Las 56 cartas de los Arcanos Menores representan los altibajos de la vida cotidiana. Cuando aparecen, pueden traer mensajes importantes, pero no están pensadas para obsesionarse con ellas. ¡Por eso se los llama «menores»! Nos ayudan a reflexionar sobre lo que sucede a diario sin dramatismos, sin tomárnoslo todo como algo personal ni caer en el victimismo. Todos queremos mensajes trascendentales de los Arcanos Mayores, pero lo cierto es que la manifestación nace de pequeños ajustes diarios, y los Menores nos muestran por dónde empezar. A continuación, tienes una guía rápida con los significados clave de cada carta aplicados a la manifestación.

GUÍA RÁPIDA DE LOS ARCANOS MENORES

Bastos: El viaje del fuego, pasión, emoción, iniciativa, impulsividad, sensualidad y diversión.

As de Bastos: Chispa creativa, un comienzo apasionado, inspiración.

Dos de Bastos: Elege un nuevo rumbo, opta por la emoción en lugar del miedo.

Tres de Bastos: Amplía horizontes, posibles viajes, colaboraciones creativas.

Cuatro de Bastos: Celebración, permite que te celebren y te animen.

Cinco de Bastos: Competencia que te impulsa a superarte, aprovecha todos tus dones creativos para probar algo nuevo o reinventar lo conocido.

Seis de Bastos: Victoria, superar un reto, salir de tu zona de confort, dar un salto que dará —o ya ha dado— frutos.

Siete de Bastos: Hipervigilancia, actitud a la defensiva, malgasto de energía, enfócate en lo que sí puedes controlar, mantente en tu camino.

Ocho de Bastos: Eventos acelerados, movimiento rápido, posibles viajes o mudanzas; todo está en marcha, no hace falta forzar nada, confía en que vas en la dirección correcta.

Nueve de Bastos: Tenacidad, determinación, estás cerca de la meta, aprendizajes ganados a pulso que fortalecen tu carácter.

Diez de Bastos: Agobio, riesgo de agotamiento, queda el último empujón hasta la meta, revisa tus compromisos y asegúrate de que aquello en lo que estás invirtiendo tu valiosa energía no esté traspasando tus límites.

Sota de Bastos: Comienzo entusiasta, suerte del principiante, ojo con la tendencia a la impulsividad; puede representar a un niño real o la ilusión de tu propio niño interior.

Caballo de Bastos: Acción veloz, invitación apasionada, deseo ardiente de lanzarte a por algo —o alguien—; puede tratarse de una persona o una situación que irrumpe en tu vida.

Reina de Bastos: Ambición, creatividad, intuición; recurre a estas cualidades para manifestar desde tu energía protagonista. Observa lo que admiras en otros e identifícalo en ti.

Rey de Bastos: Poder, firmeza, confianza, fuerza; encarnas todas estas cualidades y tus manifestaciones necesitan que te muestres con mayor liderazgo.

Copas: El viaje del agua, emociones, caos, amor, llanto, romanticismo, vulnerabilidad, conexiones del corazón.

As de Copas: Nuevo amor, amor propio, un nuevo camino en lo emocional o romántico.

Dos de Copas: Unión del alma, elige mostrarte vulnerable, alinéate con el amor.

Tres de Copas: Conexión gozosa, amigas del alma, comparte con seres queridos, diversión.

Cuatro de Copas: Apatía, te fijas en lo que no quieres en vez de en lo que deseas, impaciencia o falta de gratitud porque tu manifestación no llega aún.

Cinco de Copas: Duelo, decepción, desajuste emocional con tus manifestaciones, es hora de elevar tu vibración.

Seis de Copas: Nostalgia, recuerdos tiernos, sensación de seguridad emocional que te anima a salir de tu zona de confort, vínculos que se sienten como hogar.

Siete de Copas: Discernimiento emocional entre fantasía y realidad; si tienes muchas opciones, haz caso a tu intuición.

Ocho de Copas: Deja atrás lo que ya no te sirve, suelta el pasado, corta lazos emocionales, limpieza energética.

Nueve de Copas: La carta del deseo cumplido, reconocimiento de logros personales; permítete recibir elogios en lugar de rechazarlos.

Diez de Copas: Hogar feliz, sueños cumplidos, plenitud emocional, sensación de seguridad para soñar aún más alto.

Sota de Copas: Emprende un nuevo viaje emocional, abraza tus rarezas, déjate guiar por la emoción y la intuición, sin reprimirlas; puede representar a un niño real o a tu niño interior que sana y se deja ver.

Caballo de Copas: Ritmo cambiante en eventos o noticias; amor y conexión que llegan a tu vida; puede ser una persona nueva que conoces o tu propia disposición a recibir y a sentirte merecedor de ello.

Reina de Copas: Escucha tu intuición, receptividad femenina, calidez, sensibilidad emocional; puede representarte a ti, a una conexión que ya existe o a alguien que llega a tu vida y que hará que conectes con esas partes de ti mismo.

Rey de Copas: Equilibrio entre tu esencia masculina y femenina; empatía y compasión manteniendo tu fortaleza y unos límites sanos.

Espadas: El viaje analítico de la mente, aprende a pensar con propósito e intención, háblate con amabilidad, gestiona los detonantes y cultiva la paz interior.

As de Espadas: Nueva idea, propuesta u oportunidad estimulante; momentos de claridad que abren nuevos caminos.

Dos de Espadas: Decisión pendiente, escucha a tu intuición, aunque no quieras ver la verdad de la situación; la indecisión te dejará con una sensación de bloqueo.

Tres de Espadas: Piensas en las heridas del pasado que ocupan espacio en tu mente y tu corazón, impidiendo la entrada de nuevas experiencias; suelta esas historias que te mantienen inmóvil.

Cuatro de Espadas: Encuentra maneras de relajar la mente mediante autocuidados, meditación, movimiento o simplemente una siesta.

Cinco de Espadas: Cambio de actitud, no te tomes todo como algo personal; en los roces, recuerda que solo puedes controlar tu propia reacción, no la de los demás.

Seis de Espadas: Aléjate de situaciones conflictivas hacia otras más tranquilas; puede implicar una mudanza o mejorías que se atisban en el horizonte.

Siete de Espadas: Tradicionalmente la carta del «ladrón», en este caso, te pide ser más intencional acerca de con quién compartes datos; protege tus manifestaciones, habla menos y escucha más, recopila información antes de actuar.

Ocho de Espadas: Excusas que te frenan, permites que el miedo te prevenga de hacer algo fuera de tu zona de confort; no hay nada que te aprisione salvo tú mismo.

Nueve de Espadas: Pensamientos intrusivos, bucles mentales, piensas demasiado hasta altas horas de la noche; necesitas hallar maneras de tratarte con compasión: tu sistema nervioso intenta protegerte. No eres esos pensamientos que surgen porque estás muy cerca de tu manifestación.

Diez de Espadas: Fin de ciclos tóxicos para dar paso a tu manifestación; es sano dejar atrás patrones, hábitos o vínculos que ya no te ayudan a crecer y bloquean el camino de tu manifestación.

Sota de Espadas: Abraza tu nueva mentalidad, comparte algo que te apasiona aunque aún no te sientas del todo preparado o cómodo, sientes el miedo pero lo haces de todas formas; puede representar a un niño o a la sabiduría de tu niño interior.

Caballo de Espadas: Comunicación veloz y clara, ideas, oportunidades o incluso una persona que trae información para compartir contigo; también puedes ser tú poniendo en prácticas tus brillantes ideas, compartiéndolas con el mundo, en la vida real o por Internet.

Reina de Espadas: Desapego emocional para ganar perspectiva en una situación dada, di tu verdad, expresa lo que sientes sin filtros a través de un diario personal, la poesía o el diálogo sin censuras.

Rey de Espadas: Analítico, equitativo, equilibrado; analiza bien antes de actuar; establece límites y comúnicate de forma clara, defiende tus no negociables.

Oros: El viaje práctico de nuestra relación con el cuerpo y el mundo material, incluida la forma en que gestionas tus recursos y cómo recibes tus manifestaciones.

As de Oros: Nueva oportunidad en el plano físico: trabajo nuevo, más ingresos, salud renovada.

Dos de Oros: Búsqueda del equilibrio, para lo que necesitarás un periodo de adaptación; cuida tu cuerpo, tu espacio y hazte cargo de tus responsabilidades mundanas.

Tres de Oros: Colaboración, conexión, acepta ayuda para construir y crecer.

Cuatro de Oros: Miedo a gastar, acaparar recursos, sensación de escasez cuando en realidad tienes más de lo que crees. Para atraer tus deseos, tienes que estar dispuesto a compartir sin condiciones.

Cinco de Oros: Supera la sensación de carencia, haz trabajo de sombras relacionado con el dinero y los recursos, cambia tu relación con la salud y la abundancia.

Seis de Oros: Dar y recibir, comparte recursos, ábrete a que tus necesidades se cubran de formas inesperadas, da sin esperar nada a cambio.

Siete de Oros: Paciencia, constancia en tus manifestaciones, persiste, aunque parezca que nada avanza; presta atención a las señales del Universo cuando sea el momento de redirigir en caso de sentirte estancado.

Ocho de Oros: Trabajo constante, preséntate ante tus deseos con intención; la manifestación se construye con pequeños esfuerzos acumulados con el tiempo; empiezas a ver los frutos.

Nueve de Oros: Abundancia que ya te rodea, conexión con la naturaleza para anclarte en lo físico, agradecer lo que tienes te acerca aún más a tus manifestaciones.

Diez de Oros: Riqueza generacional, estabilidad familiar, hogar propio, seguridad económica, necesidades cubiertas, disfruta de tu manifestación y vive sin preocupaciones.

Sota de Oros: Plantar semillas de intención, manifiesta probando cosas nuevas; puede representar a un niño real o a tu niño interior que anhela algo como adulto.

Caballo de Oros: Todo sucede a un ritmo lento; paciencia: lo que deseas está en camino, aunque parezca que tarde mucho; puede representar a alguien relacionado con tu manifestación, que va a su ritmo, o al aprendizaje de confiar en tu propio calendario divino.

Reina de Oros: Manifiesta a través de la conexión con tu cuerpo y la naturaleza, cuídate y cuida a otros, ayúdales a creer en su poder manifestador desde la seguridad y la abundancia, prioriza los cuidados propios.

Rey de Oros: Los deseos se hacen realidad; eres o tienes estabilidad, ofreces recursos a otros; con las necesidades materiales cubiertas, puedes aspirar a metas aún más grandes.

CONSEJOS PARA INTERPRETAR LOS ARCANOS MENORES

Desglose de los elementos en los cuatro palos del tarot. Los Arcanos Menores se dividen en cuatro palos: bastos, copas, espadas y oros. Algunos mazos modernos pueden usar otros nombres (por ejemplo, varas en lugar de bastos, monedas o discos para los oros), pero cada palo corresponde a uno de los cuatro elementos. Los bastos son fuego, las copas son agua, las

espadas son aire y los oros son tierra. Estos elementos aparecen como temas clave en tus lecturas. Cada uno de ellos empieza con un As y llega hasta el Diez, seguido de cuatro Figuras de la Corte adicionales: Sota, Caballo, Reina y Rey. El As
marca el inicio del recorrido, el Diez señala su culminación.
Piensa en cada palo como el viaje de ese elemento en particular, que te enseña las lecciones de crecimiento asociadas con
los siguientes temas específicos:

- Copas (agua): el viaje de las emociones, el amor, la intuición y los sentimientos.
- Espadas (aire): el viaje del intelecto, la mentalidad y la
  comunicación.
- Bastos (fuego): el viaje de la acción, la pasión, la creatividad y el control del impulso.
- Oros (tierra): el viaje del dinero, la salud, los recursos
  materiales y la conexión con la naturaleza.

Fíjate en los temas elementales de tus lecturas. Cuando reve-
les las cartas, fíjate si aparecen varias del mismo palo. Esto
sucede cuando el Universo quiere llamar tu atención.

¿Ves muchas cartas de copas? Indica una acumulación de
agua, es decir, de emociones, en torno a tu situación. Señala
que tu lectura está profundamente vinculada a asuntos del
corazón. Conecta con tus sentimientos y tu intuición para
hallar claridad y orientación.

La presencia de muchas espadas señala que estás atrapado
en tu mente respecto a esta cuestión. Tal vez estés pensando demasiado las cosas y necesites volver al presente moviendo
el cuerpo, escribiendo en tu diario o hablando con un amigo
de confianza o un terapeuta.

Muchas cartas de bastos son signo de entusiasmo y movimiento. No temas actuar. Cometer errores es parte del cami-

no, pero arriésgate, aunque tengas miedo. ¡El Universo está de tu parte!

Cuando en tu lectura empiezan a aparecer muchas cartas de oros, suelen estar relacionadas con la salud, el dinero o tus recursos. Puede que estés recibiendo el mensaje de salir al aire libre y conectar con la naturaleza para enraizar tu energía y alinearte con tu manifestación.

Fíjate en los números de cada carta. La numerología añade una capa más de significado a tus cartas del tarot. Para simplificar, piensa que los números del as al diez en los Arcanos Menores representan el recorrido de crecimiento dentro de cada palo elemental. Los números bajos —as, dos y tres— indican que estás en la fase inicial de tu proceso de manifestación. Un cuatro, cinco o seis señala que te encuentras en el ecuador del camino. Del siete al diez anuncian que estás a punto de alcanzar tus metas.

- 0: Un recipiente abierto, dispuesto a recibir.
- 1: El individuo, empezar por uno mismo, el principio.
- 2: Unión, con uno mismo y con el otro.
- 3: Creatividad y colaboración.
- 4: Estabilidad, estructura, romper estructuras limitantes.
- 5: Cambio, contracción antes de la expansión.
- 6: Nutrirse, reciprocidad, dar y recibir.
- 7: Espiritualidad, impulso, curiosidad y aprendizaje.
- 8: Manifestación, logros materiales.
- 9: Contiene toda la sabiduría de los números anteriores, se acerca la culminación.
- 10: Fin de un ciclo que conduce a una maestría superior, ya que contiene la energía del 1 y del 0.

Conectar los Arcanos Mayores y Menores

Una de las formas más sencillas de profundizar en los Arcanos Menores es estudiar su relación con los Arcanos Mayores correspondientes. Cuando empecé a tomármelo en serio con el tarot, aprendí esta técnica gracias a los libros de Rachel Pollack y al acompañamiento presencial de Lindsay Mack y Jeff Hinshaw. ¡Estoy encantada de compartirla contigo!

Este ejercicio es útil tanto para principiantes como para quienes buscan una nueva mirada sobre cartas que ya conocen. Coge tu mazo y vamos allá.

Empieza sacando la carta I, El Mago —el gran manifestador del tarot—. Suele aparecer con una mesa que contiene los cuatro elementos: una copa, una espada, un basto y un pentáculo. Son las herramientas que usa para crear con el Universo.

Ahora busca los cuatro ases de tu baraja y colócalos alrededor de El Mago. Fíjate en cómo cada as representa uno de los elementos de la mesa del Mago. Esto te ayudará a recordar que cada uno de ellos lleva la energía del Mago. Si aparece un as en tu lectura, recuerda que está cargado de poder manifestador y tal vez te indique el elemento exacto que necesitas activar para acercarte a tus deseos.

Después, saca la carta II, La Suma Sacerdotisa, y los cuatro doses de los Arcanos Menores. Observa cómo cada dos lleva la esencia de la Suma Sacerdotisa. Los doses te invitan a conectar con tu intuición, tomar decisiones y confiar en ti mismo durante tu proceso de manifestación. Tu intuición es tu gran aliada cuando estás manifestando. Deja que los doses te guíen.

Continúa así hasta llegar a la carta X, La Rueda de la Fortuna. Verás cómo las cartas del as al diez en los Arcanos Menores son extensiones elementales de cada Arcano Mayor con el que se corresponden. Conectar cada carta mayor con sus cuatro menores asociadas te permitirá anclar su esencia central y acceder más fácilmente a su significado, tanto desde el conocimiento como desde la intuición.

Abraza las Figuras de la Corte de los Arcanos Menores

Después del diez en cada palo, vienen las cuatro Figuras de la Corte: Sota, Caballo, Reina y Rey. Estas cartas representan un nivel de maestría superior en cada elemento. Cada una combina su propio elemento con el del palo al que pertenece, lo que les da una personalidad específica y un poder especial en tus lecturas. Cada sota representa el elemento tierra combinado con el elemento de su palo; cada caballo, el aire con el elemento del palo; cada reina, el agua con el elemento del palo; cada rey, el fuego con el elemento del palo.

Hay cierto debate sobre si los caballos representan mejor el fuego y los reyes el aire. Si eso encaja más contigo, adelante. En mi práctica, el rey supremo del tarot es el Emperador, que se asocia con Aries, signo de fuego, así que yo asocio los reyes con el fuego. Quédate con lo que resuene contigo.

La teoría tradicional del tarot asignaba estas cartas a personas concretas de tu vida. Yo creo que eso depende de tu intuición. Por ejemplo, si estás haciendo una tirada sobre una relación y aparece el Caballo de Copas, probablemente represente a tu pareja. Pero si en tu lectura sale la Reina de Espadas y no logras asociarla con nadie de tu entorno, sigue tu intuición y pregúntate si no estará señalando algo dentro de ti.

Desde una perspectiva ética, prefiero interpretar las Figuras de la Corte como reflejos de las etapas de desarrollo del propio consultante, en lugar de proyectar sus cualidades sobre personas ausentes y que no están relacionadas con la lectura. Aun así, siempre debes dejarte guiar por tu intuición. Aquí tienes algunas formas en que las Figuras de la Corte pueden aparecer en relación con el trabajo de manifestación:

Sotas: pueden representar a personas jóvenes, a tu niño interior o el hecho de estar empezando en algo. También pueden reflejar falta de confianza pese a tener experiencia. Ideas nuevas y mensajes.

Caballos: pueden indicar la velocidad con que se mueven los acontecimientos. Fíjate en el elemento de la carta: ¿se mueve rápido o lento? También pueden señalar que se aproxima una oferta o mostrar cómo va a llegar a tu vida.

Reinas: no necesariamente están vinculadas a un género, pero, si tu intuición te dice que representan a una persona concreta, hazle caso. Pueden encarnar la energía femenina, que es más receptiva que activa: nutritiva, cariñosa y afectuosa. Las asocio con la energía de la Emperatriz. Puede que te estén mostrando que tu manifestación requiere más suavidad, apertura y receptividad.

Reyes: tampoco están ligados a un género específico, pero si sientes que apuntan a una persona concreta, confía en ello. Representan la energía masculina: activa, dominante, orientada a la acción. Yo los asocio con la energía del Emperador. Los reyes pueden señalar que estás más preparado de lo que crees o que ya has alcanzado un nivel de madurez que aún no reconoces.

CONSEJOS PARA INTERPRETAR LAS CARTAS CORTESANAS

En tus lecturas puede que aparezca una o varias Figuras de la Corte. Suelen mostrar figuras humanas o incluso animales que las representan, lo que puede generar cierta confusión. Tal vez te preguntes con quién tienen que ver o si eres tú.

En lugar de centrarte demasiado en el «quién», observa hacia dónde se dirige la figura. ¿Mira hacia la carta de al lado o en sentido contrario? ¿Qué está haciendo? ¿Está en movimiento o en reposo? ¿Qué elementos se manifiestan en la carta?

Olvídate de las reglas y deja que tu intuición te muestre qué quiere comunicarte el lenguaje corporal de esas cartas.

Las cartas invertidas en tus lecturas: ¿qué significan?

Al sacar una carta de tarot, según cómo hayas barajado tu mazo, es casi inevitable que aparezca algún naipe del revés. Depende de ti, como lector, decidir si quieres interpretarlos así o simplemente darles la vuelta. ¡Las dos opciones son válidas!

Cuando empecé a leer el tarot, interpretar cartas invertidas me resultaba estresante, así que durante años preferí leerlas todas del derecho. Para ser honestos, a día de hoy, aún hay momentos en los que no me interesa trabajar con cartas invertidas. En esos casos, mientras barajo, digo en voz alta: «Hoy no es día de cartas invertidas. Si tienes algo que decirme, hazlo del derecho». Puede sonar un poco ridículo, pero, al decirlo en voz alta, me estoy comunicando conmigo misma, con el mazo y con el Universo. Estoy marcando una intención y aclarando el objetivo de la lectura, lo cual es la mejor forma de asegurar que sea lo más certera posible. Cuando trabajo con el tarot para manifestar, suelo leer todas las cartas del derecho, por eso en este libro me centro en sus significados en posición normal.

La presencia de cartas invertidas en una tirada es tan matizada como su propio significado. Tu intuición es la que debe guiarte para comprender su mensaje. Yo no creo que una carta del revés signifique lo contrario que cuando aparece al derecho. El Universo te ha mandado ese naipe por una razón. Cuando se trata de manifestar, el Universo nunca dice «no»: dice «sí», «todavía no» o «algo mejor». Las cartas invertidas son un buen ejemplo de un «todavía no» o un «algo mejor» por parte del Universo.

Fíjate en el lenguaje corporal de las cartas cuando aparecen invertidas. ¿En qué dirección apunta la acción? ¿Señala alguna posición importante en tu tirada, como el pasado o el futuro? A veces una carta invertida está literalmente apuntando hacia otra carta y establece un diálogo visual. ¿Qué podrían estar diciéndose?

Aquí tienes algunas posibles interpretaciones para ayudarte a comprender qué te quieren comunicar el Universo y tu tarot:

- *Tiempo*: a veces, una carta invertida señala que su energía en posición normal está en camino, pero tardará más de lo esperado. Necesitas paciencia.
- *Bloqueo energético*: estás destinado a recibir la energía de esa carta, pero hay algo —interno o externo— que está bloqueando su flujo. Si tu intuición te lleva por aquí, saca una carta aclaratoria que te ayude a identificar el bloqueo y otra más para saber cómo desbloquear su significado en posición normal.
- *Energía interiorizada*: piensa en una carta del derecho como una expresión externa de su significado, y en la carta invertida como una señal de que esa energía se está manifestando hacia dentro o a nivel interno.

APÉNDICE B

Más allá del Rider-Waite-Smith:
una guía de las mejores barajas modernas e inclusivas

COMPRAR UNA BARAJA DE TAROT es emocionante, pero ¿cómo saber cuál es la que de verdad te habla? Circula por ahí el mito de que uno no debe comprarse su propia baraja, que da mala suerte y que hay que esperar a que te la regalen. Si yo hubiera esperado a que alguien me regalase una, puede que jamás hubiera encontrado mi verdadera vocación. ¡Y habría sido una verdadera lástima! Así que no dudes en regalarte todas las barajas de tarot y oráculo que tu corazón —y tu presupuesto— te permitan.

A la hora de encontrar el mazo adecuado, no hay error posible si se empieza por el clásico tarot Rider-Waite-Smith, diseñado por la artista Pamela Coleman Smith en 1906 bajo la dirección del místico Arthur E. Waite. Es la baraja en la que se basan la mayoría de los diseños modernos y fue también la primera que compré, así que siempre tendrá un lugar especial en mi corazón. Dicho esto, su imaginería es muy eurocéntrica y no refleja la diversidad de nuestro tiempo. Por suerte, hoy existen miles de barajas que presentan cuerpos diversos, todas las edades, expresiones de género y personajes que se parecen a ti, a mí y a cualquiera. Me llena de orgullo formar parte de una industria que celebra los nuevos relatos y acoge a todas las personas. Hay una baraja para cada uno de nosotros. Aquí tienes algunas de mis favoritas:

- *Queer Tarot*, de Ash and Chess.
- *El tarot de la bruja moderna*, de Lisa Sterle.
- *La Naturaleza Misteriosa. Espíritu animal*, de Kim Krans.
- *Tarot vidente de luz*, de Chris-Anne.

Estas barajas están fácilmente disponibles en tiendas como Amazon o Target, pero te animo a apoyar a negocios locales o independientes a la hora de adquirir tus barajas. Estas tiendas especializadas suelen tener ediciones limitadas creadas por artistas que no se encuentran en Amazon. También puedes apoyar a los propios artistas respaldando sus campañas en Kickstarter o comprando directamente en sus páginas web. Mis barajas más queridas las he conseguido a través de campañas de Kickstarter, Etsy o Instagram. En el momento de publicación de este libro, estos mazos independientes están disponibles, aunque podrían dejar de imprimirse en el futuro:

- *The Gay Marseille Tarot*, de The Word Witch y Charlie Claire Burgess, compañere de editorial en Hay House y también creadore de la popular Fifth Spirit Tarot. Esta reinterpretación refrescante del Tarot de Marsella clásico incluye cuerpos queer e inclusivos. www.thewordwitchtarot.com
- *Omni Tarot*, de Olivia M. Healy, una baraja de estilo vibrante, colorido y de otro mundo. Durante mis años escribiendo horóscopos mensuales para Dame Pro-

ducts, Olivia ilustró muchos de mis artículos de astrología. Me encanta cómo da vida al tarot con sus ilustraciones vanguardistas. www.oliviamhealy.com

- *Midnight City Tarot*, de Jackie Gallina, una carta de amor a la energía y la magia de Nueva York. Imprescindible para cualquiera que haya amado, perdido y encontrado su camino en la ciudad que nunca duerme. midnightcitytarot.com

APÉNDICE C

Magia práctica: tiradas de tarot para manifestar

EL TAROT ES EL RECURSO definitivo para la manifestación, el trabajo de sombras y el crecimiento personal. Cuando trabajas con él, estás activando tu superpoder único: tu intuición. Considérala como un músculo: ¡cuanto más la ejercitas, más fuerte se vuelve! Las tiradas de tarot que encontrarás en este apéndice están diseñadas para acompañarte y fortalecer tu conexión con la intuición mientras manifiestas tus sueños. Aquí encontrarás tiradas para temas de manifestación concretos, como el amor, el dinero, grandes compras (como coches o casas), amistades, comunidad y mucho más.

Tirada mágica para comenzar el día

Empieza el día con intención y conecta con tu propósito con esta tirada de tres cartas.

- Carta 1: Mi energía más magnética de hoy.
- Carta 2: Acción a tomar para alinearme con mi energía magnética.
- Carta 3: Un mensaje de apoyo del Universo.

Tirada de cierre del día

Termina el día con un chequeo consciente antes de dormir con esta tirada de tres cartas.

- Carta 1: El mensaje o aprendizaje principal del día.
- Carta 2: Cómo integrarlo y crecer a partir de ello.
- Carta 3: Qué soltar antes de ir a dormir.

Chequeo energético de la manifestación

Cuando te sientas ansioso, frustrado, impaciente o desalineado, haz este chequeo con una tirada calmante de cuatro cartas.

- Carta 1: ¿En qué punto está mi energía de manifestación ahora mismo?
- Carta 2: ¿Qué puedo hacer para calmar mi sistema nervioso y volver a alinearme?
- Carta 3: ¿Qué energía me sería más útil en este momento?
- Carta 4: ¿Qué acción puedo tomar para alinearme con esa energía?

Manifiesta amor propio y autoestima

Utiliza esta tirada de cuatro cartas cuando necesites un impulso de amor hacia ti mismo. No manifestamos lo que queremos, sino lo que inconscientemente creemos merecer. Todo empieza por tu relación contigo.

- Carta 1: Una forma de ver el amor que ya existe dentro de mí.
- Carta 2: Cómo conectar con mi autoestima.
- Carta 3: Algo especial y único en mí que no siempre alcanzo a ver.
- Carta 4: Cómo tratarme como quiero que el mundo me trate.

Manifiesta una relación romántica

Esta tirada de cinco cartas te ayuda a manifestar una relación romántica centrándote en los sentimientos de amor y conexión que deseas atraer, en lugar de en una persona concreta.

- Carta 1: ¿Cómo representa esta carta la energía de mi relación romántica más alineada?
- Carta 2: ¿Cuál es mi energía actual en las relaciones?
- Carta 3: ¿Qué energía necesito incorporar para manifestar una relación amorosa?
- Carta 4: ¿Qué miedo debo atravesar para manifestar la relación que deseo?
- Carta 5: ¿Qué debo soltar o qué espacio debo liberar para que quepa una relación amorosa?

Manifiesta una conexión más profunda en una relación existente

Tirada de cinco cartas para quienes ya tienen pareja y desean conectar a un nivel más profundo o dar un paso más en la relación.

- Carta 1: Estado actual de la relación.
- Carta 2: Máxima expresión de amor disponible para esta relación.
- Carta 3: Cómo acercarme a mi pareja y comunicarle mis deseos.
- Carta 4: Acción que puedo tomar para fomentar una conexión o compromiso más profundos con mi pareja.
- Carta 5: Cómo soltar expectativas o resentimientos sobre la relación para crear más espacio para el amor y la conexión.

Manifiesta el cierre tras una ruptura

Esta tirada de cuatro cartas te ayudará a hallar claridad y sanación tras una ruptura. Recuerda que todo final es también un nuevo comienzo y que una ruptura dolorosa puede formar parte de tu camino hacia la relación que quieres manifestar.

- Carta 1: La mayor lección o bendición que me deja este final.
- Carta 2: Algo que me espera al otro lado de esta ruptura y que puedo anhelar.
- Carta 3: Una acción que puedo tomar para avanzar con esperanza y confianza.

- Carta 4: Un mensaje de apoyo del Universo para ayudarme a sanar.

Manifiesta amistades auténticas y comunidad

Manifiesta relaciones afines con el apoyo de esta tirada de tarot. Al igual que en las relaciones románticas, es importante dejar espacio para que nuevas amistades entren en tu vida. Antes de hacer la tirada, tómate unos minutos para responder en tu diario a estas preguntas:

- ¿Qué tipo de actividades quiero hacer con mis nuevos amigos?
- ¿A qué hora del día solemos vernos?
- ¿Es importante que vivan cerca?
- ¿Con qué frecuencia nos encontramos?

Puedes ayudarte con las técnicas de visualización del capítulo 7. Crea una «película mental» donde estás con tus nuevos amigos en un entorno informal haciendo aquello que más te gustaría compartir con ellos: tomando un vino y cocinando juntos, un club de lectura, una partida de rol, una excursión o un pícnic en el parque. Visualízate rodeado de personas afines que te hacen sentir seguro y comprendido, y luego realiza esta tirada de tres cartas:

- Carta 1: ¿Qué valores fundamentales estoy atrayendo en nuevas amistades y comunidades?
- Carta 2: ¿Cómo puedo mostrarme con una energía magnética?
- Carta 3: ¿Cómo puedo abrirme al mundo para atraer relaciones dinámicas que resuenen con mi alma?

Manifiesta dinero

Manifestar dinero implica explorar tu sombra para comprender tu relación con los recursos y con el merecimiento, así como identificar posibles sentimientos de carencia. Esta tirada de cuatro cartas te ayudará a revelar bloqueos subconscientes que pueden estar interfiriendo en la realidad financiera que estás manifestando.

- Carta 1: Mi relación actual con el dinero.
- Carta 2: Un bloqueo que puede estar impidiendo que manifieste dinero.
- Carta 3: Cómo superar ese bloqueo.
- Carta 4: Una forma de dar la bienvenida al dinero y la abundancia en mi vida.

Manifiesta un nuevo trabajo o cambio profesional

Cuando estés buscando un nuevo trabajo, piensa en tu currículum como un hechizo. Eleva tu energía de atracción dedicando intención al prepararlo o actualizarlo, en lugar de vivirlo como una obligación. Como las cartas de amor, tu currículum es una conversación directa con el Universo. Confía en que llegará a las manos del jefe ideal que busca precisamente a alguien como tú. Esta tirada de cuatro cartas te ayudará a comprender tu energía de atracción para un nuevo empleo o carrera.

- Carta 1: Mi energía actual respecto a mi vida profesional.
- Carta 2: Una carta que represente mi trabajo o carrera ideales.

- Carta 3: La energía que necesito incorporar para atraer este nuevo trabajo o carrera.
- Carta 4: Un mensaje de confianza del Universo para acompañarme en esta transición.

Manifestar objetos de lujo

Al manifestar compras importantes como coches, casas o incluso bolsos de diseño, es clave alinearse con una energía de seguridad y calma respecto al gasto de grandes sumas de dinero, y confiar en que puedes tomar decisiones sabias y asumir esa nueva responsabilidad. Al manifestar un coche o una casa, visualizarte disfrutando de estos objetos le servirá a tu sistema nervioso para integrar la experiencia. Acompáñalo con esta tirada de cuatro cartas diseñada para ayudarte a creer en tu capacidad de tener y mantener bienes de lujo.

- Carta 1: ¿Cómo se siente mi subconsciente ante la idea de tener este objeto?
- Carta 2: ¿Qué necesita mi sistema nervioso para sentirse cómodo y seguro con esta compra?
- Carta 3: ¿Cómo cambiaría mi vida al tener este objeto?
- Carta 4: Un mensaje de ánimo del Universo antes de que este objeto entre en mi vida.

Manifiesta viajes y mudanzas

Viajar a lugares exóticos o mudarte a la casa de tus sueños son fantasías que todos compartimos, pero en la realidad a veces las evitamos porque nos da vértigo alejarnos de nuestra zona de confort. Ya sea que estés planeando una mudanza o el viaje de tu vida, puedes echar mano de esta tirada de cuatro cartas para superar tus miedos y dar el paso.

- Carta 1: Una carta que represente el viaje o la casa de mis sueños.
- Carta 2: Miedos que me impiden comprometerme del todo con este sueño.
- Carta 3: Una acción interna o externa que puedo tomar para acercarme a esta experiencia.
- Carta 4: Algo que aún no sé y que me está preparando para esta nueva aventura.

Toma de decisiones

Cuando tengas que tomar una decisión, es útil reflexionar sobre tus opciones y sacar cartas para cada una. Luego deja que tu intuición te guíe. Esta tirada de cinco cartas te ayudará a aclarar tus posibilidades (puedes añadir más si hay más de dos opciones) con una quinta carta que recuerda que no decidir también es una elección.

- Carta 1: Una carta que represente la opción 1.
- Carta 2: Una carta que represente la opción 2.
- Carta 3: Posible resultado al elegir la opción 1.
- Carta 4: Posible resultado al elegir la opción 2.
- Carta 5: ¿Qué consecuencias tendría no tomar ninguna decisión y quedarme donde estoy?

Tirada de tarot para el año nuevo

Trabaja con el tarot al comenzar el año con esta tirada de trece cartas. Cada 1 de enero, me reservo un momento de calma para enraizarme, barajar el mazo con intención y pedir mensajes para el nuevo año. Como en todas mis tiradas, coloco cada carta boca abajo y no las miro hasta haberlas sacado todas. Después, hago una foto para consultarla durante el año y anoto cada naipe y los mensajes recibidos en mi diario. Con esta tirada, leo todas las cartas del derecho. Puedes hacerlo así o de forma invertida; déjate guiar por tu intuición.

La primera carta, colocada en el centro de la tirada, representa tu carta del año: el tema y la energía general de ese nuevo ciclo.

A continuación, baraja de nuevo y pide una carta para representar la energía y el tema de cada uno de los doce meses, colocándolas alrededor de la carta central.

Revisa cada mes tu diario o la foto de la tirada, observa la carta de ese mes y también la carta del año. Registra tus impresiones y observa cómo se relacionan con tu camino de manifestación.

Tirada de luna nueva

Cada mes, durante la luna nueva, trabaja con esta tirada de tres cartas para sembrar intenciones y cultivar la paciencia, la confianza y la fe en el proceso de manifestación.

- Carta 1: La semilla de intención que planto en esta luna nueva.
- Carta 2: Cómo ayudar a que esta intención crezca durante el ciclo lunar.

- Carta 3: Un mensaje de la luna nueva para orientarme en la oscuridad hacia mi manifestación.

Tirada de luna llena

Aprovecha la magia misteriosa de la luna llena cada mes con esta tirada de tres cartas para revisar el proceso de manifestación.

- Carta 1: Algo que la luna llena está iluminando en relación con mi manifestación.
- Carta 2: Cómo integrar y digerir esta información y seguir adelante con confianza.
- Carta 3: Un mensaje de la luna llena sobre cómo abrazar la magia y el misterio que se despliegan durante el próximo ciclo lunar.

Crea tus propias tiradas de tarot

Mientras fortaleces tu práctica de tarot, te animo a crear tus propias tiradas. Puedes plantearlo como si fuera una historia: con un inicio, un desarrollo y un desenlace. Primero, elige el tema sobre el que quieres consultar, fija una intención clara y decide si vas a leer las cartas invertidas. Luego, formula preguntas útiles (evita las de sí/no o las que piden tiempos exactos). Al igual que el Universo, tu tarot no opera con cronogramas humanos. El tarot lee tu energía y capta los matices sutiles que hay en cada situación, confirmando lo que tu intuición ya sabe.

He aquí una plantilla sencilla de tres cartas que funciona casi para cualquier tema:

- ¿Qué está ocurriendo ahora?
- ¿Qué puedo hacer al respecto?
- ¿Cómo avanzo a partir de aquí?

Una vez que tengas las preguntas básicas, puedes añadir otras, como consejos o mensajes de tus guías. Anota las tiradas que crees en tu diario de tarot para volver a ellas y seguir tu evolución.

No tengas miedo a tus cartas: están tan ilusionadas de trabajar contigo como tú con ellas. El Universo y yo estamos contigo y deseando verte manifestar la vida de tus sueños.

AGRADECIMIENTOS

ESTE LIBRO FUE CONCEBIDO años antes de que tuviera el valor de escribirlo. Fue creciendo en mi corazón a la vez que mi bebé crecía en mi cuerpo; y, como un hijo, hizo falta toda una comunidad para darle vida. Estoy agradecida, ante todo, al amor de mi vida, mi marido Kevin, cuyo amor incondicional y apoyo constante me dan la confianza y la seguridad para entregarme por completo a una vida creativa. Gracias por dar prioridad a nuestra familia y por ser mi compañero tanto en el crecimiento personal como en la crianza. Para Ivy, llegaste a este mundo tan hermoso al mismo tiempo que estas palabras. Te vi crecer al ritmo de cada capítulo y tú me enseñaste a convertirme en madre. Aprendí que podía ser creadora y cuidadora a la vez; gracias por elegirme para ser tu madre en esta vida.

Gracias a mi madre, Jill, por darme el ejemplo supremo de lo que significa ser madre y por despertar mi pasión por el desarrollo personal mientras estudiabas tu máster en terapia durante mi adolescencia. Me enseñaste que es posible perseguir tus sueños y, al mismo tiempo, ser una esposa y madre maravillosa. Quiero dar las gracias a mi padre, Paul, por tu apoyo y tu entusiasmo sincero por lo que hago. La pluma estilográfica que me regalaste para firmar mis libros cuando conseguí mi primer contrato editorial es uno de los mejores regalos que he recibido. Me has enseñado a sentirme orgullosa de mis logros en lugar de encogerme en el centro de atención.

Cuando uno se inclina hacia el miedo y da pequeños pasos, el Universo conspira para ayudarlo y yo me siento honrada por las personas que han creído en mi voz y me han acompañado en este camino. A mi editora, Meg Ilasco, de Zeitgeist, que durante años me animó a salir de mi zona de confort y escribir un nuevo libro: gracias por guiarme, por presentarme a Kathy Schneider y por ayudarme a formar parte de la familia Jane Rotrosen. Gracias a mi agente, Kathy Schneider, por ayudarme a mantener la cordura en aquellos días en los que escribía mi propuesta editorial mientras amamantaba a un recién nacido. Agradezco tu paciencia y tu dedicación para ayudarme a aterrizar en el equipo editorial con el que soñaba. Has hecho que este proceso fuera divertido y me has enseñado muchísimo.

Gracias a mi editorial, Hay House, y a Anna Cooperberg, mi increíble editora. Me siento muy agradecida de formar parte de la familia Hay House; gracias por confiar en mi visión y ayudarme a pulir mi mensaje. A Nicolette Young, mi maravillosa editora: trabajar contigo es como escribirme con una amiga querida. Gracias por tu tiempo, tu energía y el cariño que pones en tu oficio. Quiero dar las gracias de forma especial a Pip Davidson por tu amistad y tu apoyo. No conozco a muchas autoras que tengan el privilegio de trabajar con el mismo equipo de comunicación en varias editoriales, pero el Universo sigue juntándonos y me alegra poder seguir compartiendo este camino contigo. Gracias a todas las personas de Hay

House que han participado en este proyecto y han contribuido a que este libro se convirtiera en lo que yo imaginaba.

Quiero dar las gracias también a Reese Quinn, mi hermana de aquelarre y confidente. Gracias por tu amistad, tu apoyo, tu entrega a *Moon Void Tarot* y por crear el tipo de magia que las dos deseamos ver en el mundo.

Gracias al personal y a los clientes legendarios del Whittier Café de Denver, donde escribí la mayor parte de este libro. Hacéis los mejores *lattes* que he probado nunca y me presentasteis a un grupo de vecinos amables y generosos: sois el verdadero significado de comunidad.

Este libro no existiría sin las increíbles historias que contiene. Gracias a mis amistades y a mis clientes por estar ahí, por afrontar vuestros miedos y dejar que el Universo os ayudara a crear magia en vuestras vidas. Os agradezco profundamente que me hayáis permitido compartir vuestras experiencias con los lectores. Y gracias a todas las personas con las que he tenido el honor de trabajar a través de lecturas de tarot, astrología, talleres de manifestación, etc. Por favor, sabed que me inspiráis continuamente. Sois ejemplos vivos y prueba de que todo es posible cuando uno está abierto y dispuesto a cambiar.

SOBRE LA AUTORA

Stefanie Caponi es escritora, ilustradora, astróloga, lectora de tarot y autora superventas de *Tarot guiado* y *Astrología guiada*, ambos publicados por esta editorial. Además de su trabajo en el ámbito del desarrollo personal, Stefanie ilustró la popular serie juvenil *Nuestros poderes ocultos*, de Caroline O'Donoghue. Su obra gira en torno a la exploración del trabajo de sombras, la creatividad y la sanación, utilizando el tarot y la astrología como vehículos para acceder a los rincones ocultos del ser. Lleva más de veinticinco años leyendo el tarot y fundó su negocio como tarotista profesional tras crear su primera baraja, *Moon Void Tarot*. Le apasiona trabajar con el tarot como herramienta de transformación y desde hace más de un lustro enseña a otros a leer el tarot y a conectar con su intuición a través de sus libros, barajas, talleres, lecturas personales y mentorías.

Cartas de amor y manifestaciones

_____

_____

_____

_____

_____

_____

_____

_____

_____

_____

_____

_____

_____

_____

_____

_____

_____

_____

_____

_____

_____

_____

Cartas de amor y manifestaciones

_____

_____

_____

_____

_____

_____

_____

_____

_____

_____

_____

_____

_____

_____

_____

_____

_____

_____

_____

_____

Cartas de amor y manifestaciones

_____

_____

_____

_____

_____

_____

_____

_____

_____

_____

_____

_____

_____

_____

_____

_____

_____

_____

_____

_____

_____

_____

Cartas de amor y manifestaciones

TAROT GUIADO. GUÍA PARA PRINCIPIANTES

Significado de cartas con tiradas y ejercicios intuitivos para realizar lecturas fluidas

En esta obra ilustrada, Caponi presenta ejercicios sencillos con los que podrás alimentar y desarrollar tu percepción, entender profundamente los significados universales de las cartas e incluso canalizar tus propios significados. También aprenderás a sintonizar tu energía con la baraja para obtener lecturas todavía más precisas.

ASTROLOGÍA GUIADA. GUÍA PASO A PASO

Para adentrarte profundamente en tu carta natal, tus características astrológicas y tu vida

Tu carta astral es una instantánea de las posiciones de los planetas en el momento de tu nacimiento y revela tu identidad única: tus talentos, los desafíos a los que te enfrentas y tus oportunidades. Para que puedas beneficiarte de toda esa información, Stefanie Caponi ha creado *Astrología guiada*, donde aprenderás los fundamentos esenciales de la astrología y descubrirás diversos ejercicios interactivos que te ayudarán a profundizar en ti.